東吳帝國

盟敵心計

孫吳的權謀與戰火

司馬路 著

「生子當如孫仲謀！」——曹操

「孫車騎長上短下，其難為下，吾不可以再見之。」——劉備

目錄

第二卷　盟敵心計

目錄

第二卷

盟敵心計

餞別的家宴上，妹夫劉備和大舅孫權喝得都挺高興。劉備大概是探聽到了些許消息，覺得借荊州一事十有八九能成，所以心裡舒坦。臨來之前諸葛亮等人千般阻撓，說什麼孫權、周瑜一定會為難自己、甚至藉機扣押自己做人質，可見諸葛是以小人之心度君子之腹，多心了！

孫權這邊呢，暫時也放下了心中的包袱，敞開心扉與親愛的妹夫暢飲。

「聽說曹孟德知曉你我兩家結親、關係和睦，吃驚得筆都落地了呢！」

「這事你也曉得，難道在曹操身邊，有你的細作不成？」

「哈哈哈，哪裡有，只是道聽塗說罷了。」

酒越喝越多，話題便越發深入，越過了公務，進入私人領域，這正是關係親密的表現。

……

「哈哈，玄德真是性情中人啊……」孫權真的醉了麼？他的話聽上去可不像是在開玩笑，「玄德公，善待我的妹子！如若令尚香傷心，我必會令你傷心，這是做哥哥的心聲。」

「唔唔唔，仲謀，如今我可是尚香的夫君，我怎麼會讓她傷心呢？我必讓她成為荊州的女主人，九州第一的女人……」

在劉備與孫權之間，這樣酣暢的痛飲暢談，大概再也不會有了吧！時為建安十五年，這是孫劉聯盟最美好的歲月，也是劉備與孫尚香最甜蜜的時光吧！

——《東吳祕史・孫尚香之佳婿》

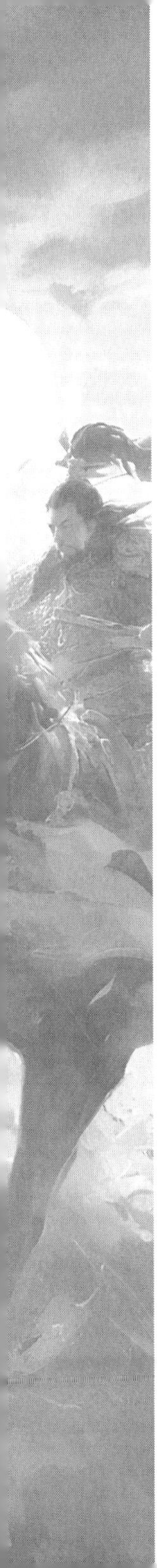

第五章 紫髯將軍的決策

赤壁之戰改變了很多人和事，一夜之間，我不再是躺在父兄基業上吃現成飯的小子，而是成了令曹操夢滅的孫仲謀，若干年後曹孟德在江邊嘆息：「生子當如孫仲謀！」可是當夜深人靜、東南風吹拂我臉頰的時候，我知道：我還是我……

張老夫子勸我投降的那一刻，我感覺心中一座曾經無比雄偉莊嚴的雕像一下子轟然倒塌了，一時間我很恨他，因為我知道他不是個懦夫，他只是對我沒信心而已。

「為什麼你這麼瞧不起我！」我在心中恨恨地詛咒這個老頭子，如果你對我這麼沒信心，當初為什麼把我扶上馬，對我勉勵有加？當初你把我高高地舉起，如今又狠狠地摔下，理由只是輕描淡寫的一句話：「你不是曹操的對手！」

我從未與曹操交手，你怎麼就知道我不是他的對手。

很長一段時間，我都不再理睬張昭。直到戰事結束後依然如此，我故意地誇獎周瑜和魯肅，而無視他的存在。看得出張老夫子很失落，我在心中暗笑，老張頭你也有今天！

可是我真的有必要這麼恨他麼？我心裡明白：張老夫子的心始終未變，他記得兄長和母親對他的臨終囑咐，他像父親一樣地呵護我，也許正是因為如此，他不願意我冒險，投降雖然可恥，可是以曹操款待荊州劉氏的情況看，張昭以為曹操一定會優待我。

如果迎戰，九成是死，一成是生。如果投降，九成是生，一成是死。既然如此，為什麼還要抱著渺茫的機率去冒險？張老夫子的心思大體便是如此。其實我能體會他的用心，基本上也可以說這是良苦用心了。我願意原諒他，可是我不願說出口。

抱歉，老夫子，我不再是那個在你肩頭哭泣的少年，我不再唯你是從！

——孫仲謀的獨白

29. 戀上寡婦

建安十三年，孫權已經二十七歲，他不再是乳臭未乾的少年，也不再那麼依賴張昭和周瑜的指點。他雙目炯炯有神，當然時時也會呆滯無光，特別是在無聊會議走神的時候；他說話鏗鏘有力，偶爾也會語無倫次，特別是在張昭提出異議的時候。

這是他頗為驕傲的一年，他取下了殺父仇人黃祖的首級，這是他的兄長孫伯符也不曾做到的，可是他卻做到了，這是不是意味著孫權已經超過了孫策，當然不！然而孫權的心中，總是為此有一點小小的得意。

孫權的自作主張，從後宮開始。

他的正室，是當初母親和兄長為他做主聘下的會稽山陰謝家的女兒。然而孫權似乎並不喜歡這個女子。直到這一年的春天他才收獲了遲來的愛情，對於這樣一個年齡來說，孫權的愛情真的來得太晚了。更要命的是他愛上的是一個寡婦。

事情的緣起是討伐黃祖一役中平虜將軍徐琨的陣亡，這位徐將軍又與孫家頗有淵源，他的父親叫徐真，是孫堅的妹夫。孫策起兵一來，一直有賴於徐琨的協助，偏偏在這一場復仇大戰中，徐琨中流矢而死。

徐琨有兩個兒子、兩個女兒，長女嫁給了同郡陸尚（陸議的族人）。次子嫁給了孫權的弟弟孫翊。可悲的是，兩個女婿都不長命，陸尚病死，孫翊則死於謀殺。一對姐妹花，從此便成了可憐的年輕寡婦。

更糟糕的是，兩位丈夫的先後死去，令人不得不聯想這對年輕貌美的姐妹花是否為剋夫的詛咒之花？如此一來，喪夫又喪父的徐家姐妹雖然國色天香，居然落得無人問津的境地。

「孤決定娶徐家的女兒為妃！」

孫權此言一出，內外俱驚。

「那可是一個剋夫的寡婦！」

雖然大家都這麼想，可是誰又敢直白地說出來。除了張昭，可巧張昭赴外郡視察民情去了。

「真是十足的色狼，大概他垂涎弟媳婦的美色已久，終於忍耐不住了！」

「可是他要娶的可是徐家的長女？」

「那不過是個替代品罷了！他真心所愛的其實是那個妹妹。」

如此荒誕的流言若是傳到張昭耳朵裡，張夫子一定會氣急敗壞的朝孫權大喊。

更令人震驚的是，孫權居然要求他的正妃，也就是母親為他所娶的謝氏向新進門的徐氏低頭，讓出正室之位。這對於謝氏來說，實在是太不公平了！

「豈有此理？妾身才是將軍您的元配夫人，您是在說胡話麼！」

第五章　紫髯將軍的決策

「徐氏的歲數比你大，你不該叫她一聲姐姐麼？」

「這是什麼話，雖然她的歲數比我大，可是我才是太夫人聘下的媳婦。」

謝氏也是一個剛烈的女子，她始終拒絕讓出正室之位。一時之間，孫權的後庭出現了兩個正室，一個是舊人謝氏，一個是新歡徐氏。

半個月後，從外郡回來的張昭發現了這種尷尬的局面，可是為時已晚，他也無可奈何。

「將軍為何要娶一個亡夫之女為妾呢？」

孫權很認真地糾正他，不是妾，而是妻。至於為什麼娶徐家的女兒，這是因為她的父親徐琨是死於國事，如果孫權不伸出援手，失去丈夫和父親的女子必然慘遭餓死的厄運。

呵呵，所謂「伸出援手」就是要娶她麼？張昭暗笑孫權的言不由衷。也罷，好色是男人的通病，即便是如同老師般的張昭，也是孫權的部下，過多干涉他的後庭恐怕會招致反感。

張昭想到了慘遭冷落的謝氏，謝氏有什麼錯呢，孫權無非是因為她是大哥和母親硬塞給他的女人所以才如此厭惡，這就是年輕人的逆反之心。

擺脫了強加給自己的不喜歡的女人，孫權的心裡很高興，閒暇之餘他便和孫尚香打趣：

「妹妹，妳的年紀也二十三了吧，要是再不出嫁的話，便成老姑娘了！」

以孫尚香的年齡，若是在一般的人家，大概已經嫁為人妻了。可是因為亡母的溺愛、兄長的呵護，一直沒有出嫁。

或許是血緣的遺傳，孫家的子女，無論兒子和女兒長得都十分的漂亮，大哥孫策的三個女兒，雖然年紀尚小，可是已經看得出是十分的美人胎子。妹妹孫尚香因為喜好舞槍弄棒，更是擁有一種健康的美麗。如果說孫策的三個女兒是含苞待放的初春之蕾，那麼孫尚香就是飽滿綻放的盛夏之花。

父親和母親乃至大哥都已經去世了，妹妹孫尚香的婚事，自然是落在了孫權肩上。

自古以來，政治聯姻就是貴族階層婚姻的主旋律。即便貴為皇子龍孫，也不得不接受權勢的安排，與自己完全陌生無知的對象成為夫妻。女子更是如此，袁術曾經為自己的兒子求取呂布的女兒為妃，曹操也曾為兒子求取袁譚的女兒為妃，就是孫家自己，孫權的弟弟孫匡與曹氏之女、曹彰與孫賁之女，何嘗不是一種政治婚姻。

孫尚香之所以遲遲不能嫁出去，相當程度上就是因為沒有合適的政治聯姻的對象。與孫尚香地位相當的男子，要麼已經成婚，要麼就是仇敵。譬如周邊的勢力中，劉表是敵，聯姻意味著放棄復仇、認敵為友，至少目前不可能；北方的袁紹諸子本來是個聯姻的好對象，可是官渡一戰後，袁氏已經成為昔日黃花，所以只能作罷。

第五章　紫髯將軍的決策

將妹妹嫁給屬下，鞏固內部的君臣關係，也是一個不錯的主意。當初孫策與周瑜共娶喬家姐妹花，結成了默契的連襟關係；為孫翊迎娶徐家的女兒，鞏固了孫家與握有一部分兵權的平虜將軍徐琨的聯盟關係。

江東的大本營中，目前存在三種勢力，首屈一指的是是以張昭為首的徐州集團，大部分文官皆唯張昭馬首是瞻，可見這個派別的強大。

張昭：徐州彭城（今江蘇徐州）人；

張紘：徐州廣陵（今江蘇揚州）人；

其次是以周瑜、魯肅為首的皖人集團，吸引了一批中生代和新生代武將。

周瑜：揚州廬江舒縣（今安徽廬江西）人；

魯肅：揚州臨淮東城（今安徽定遠）人；

最後是以老將程普、韓當為首的北佬集團，主要支持者是父親孫堅時代的一些宿將老臣子：

程普：幽州右北平土垠（今河北豐潤東）人；

韓當：幽州遼西令支（今河北遷安）人；

當初孫策掃平江東，正是依賴了這三股勢力，可謂小霸王的三駕馬車。然而到了孫權時代，這三支勢力卻出現了張昭的徐州集團一家獨大的局面，甚至孫權頗為看重的新人都有向其靠攏的傾向，譬如諸葛瑾、步騭、嚴畯等人，尤其是諸葛瑾與張昭的關係極為密切。

諸葛瑾：徐州琅邪（今山東諸城）人；

步騭：徐州臨淮淮陰（今江蘇淮陰西北）人；

嚴畯：徐州彭城（今江蘇徐州）人。

而武將集團內部的新、老兩大派別的紛爭也令孫權困擾不已。

要想樹立在江東的真正權威，就必須擺脫保守的老臣的制約，提拔新人。然而以新人牽制老人，達到力量的均衡，這才是王者的統治之道。

所謂新人，當然不可能從張昭的徐州人集團和周瑜的皖人集團尋找，而是在江東就地取材。

江東有所謂顧、陸、朱、張四姓，孫權的妙算，正是透過聯姻的方式，與江東本地豪強結成權力聯盟，與難以駕馭的老臣們抗衡。

當年孫策在舒縣邂逅了周瑜，又在流亡的徐人中發現了張昭，從此憑藉這一文一武成就了江東霸業。孫權若要成功，就必須找到屬於自己的周瑜和張昭。

然而誰是屬於孫權的周瑜、張昭？

魯肅是不是？呂蒙是不是？孫權最新提拔的陸議是不是？

其實在孫權心中並無答案。

那麼，妹妹會選擇誰？

這正是孫權心中的疑問。

「如果要出嫁，我的夫君應該是父親、哥哥一樣的英雄人物。」

「所謂英雄都是楞頭青的少年熬成的，難道你要嫁一個老頭子麼？」

「大哥可不是老頭子。」

「父親和母親成親那會，也不過是一個小小的縣尉罷了。至於大哥，那是可遇不可求的百代人物……」

「寧缺毋濫。」

「魯子敬如何？」

「木訥得像一條死魚。」

「呂子明很靈活的。」

「太粗魯，聽說他的脾氣就像一頭野牛，另外，別忘了他的歲數比二哥還大。」

「啊哈，那陸伯言應該不錯了。」

「陸伯言是誰？」

30. 暴風雨前夜

海昌就是今日的海寧，在當時，它不過是浙江入海處一個不知名的小縣而已。陸議的運氣實在是很不好，一到海昌，便遇上了罕見的大旱，飢餓的百姓四處遊蕩，尋找可以避難之處，可是遍地是乾裂的土壤，哪裡可以安家落戶！

縣倉裡雖然有陳谷，可是沒有上頭的許可，誰敢拿出一粒米。

屯田都尉來了，一個書生模樣的年輕人而已，他能做什麼？災民們不敢奢望。

「為何不放糧救濟災民？」

第五章　紫髯將軍的決策

「這是儲備以供軍用之糧，太守說了，不可妄動！」

「太守哪裡知道這裡的情形，更何況我是屯田都尉，管著這裡的土地人民，自然也管著這些陳谷。」

年輕書生喝令：「打開穀倉！」

一時歡聲雷動，守倉吏卻變了顏色，可是頂頭上司的命令，畢竟違抗不得，唯有照做。

但是到了夜間，卻有多名倉吏逃走。

「書呆子不知死活、胡來一氣，上頭怪罪下來，你我都要遭殃，不如先逃遁了吧！」

果然過了幾日之後，吳郡太守朱治派督郵下來問罪。

「如何放了軍糧？」

「為了節約開支。」

「什麼話，軍糧沒了，你節約的是何物開支！」

「饑民已經無法忍耐下去，必將造反，勞動大軍出征，到那時雖然能掃平叛亂，可是軍費開支必然很是可觀，如今我開倉放糧，饑民吃飽了肚皮便不會造反，也就不必勞動大軍，豈不是為本郡節約了一筆軍費！」

「話雖如此，可是軍糧怎麼辦？」

「饑民吃飽了肚子，我又下令借給他們種子，到秋收時節便可收穫，到時候本縣的穀倉之內，又怎麼會沒有軍糧？」

這件事居然就這樣了結了，然而陸都尉的厄運並未結束，吳郡、會稽一帶的盜賊不斷到海昌騷擾，掠取糧食與人口。

「別處都是一片荒涼瘡痍，這個縣的百姓雖不富裕，卻可以說得上小康，駐軍又少，難怪盜賊樂於光顧此地。」

尤其是會稽的山賊大頭目潘臨，人馬最盛，時常襲擾海昌。陸議深為苦惱，只是手下兵馬太少，唯有向本郡太守求援。

朱治回答說：「四處紛擾，我哪裡有兵給你，更何況潘臨是會稽的山賊，本該由會稽清剿。」

會稽太守是孫權本人，因為孫權不可能到任，所以實際事務是由郡丞顧雍負責。說起來顧雍是陸議的老鄉，同為吳郡大族，關係相當不錯。顧雍本人也是江東名士，當年蔡邕流亡吳地，曾經傳授顧雍琴藝和書法，深得老師的喜愛。

可是顧雍也向陸議訴苦，說山越鬧得很凶，他實在沒有足夠的兵力來對付潘臨。所以才放任潘臨這麼多年危害吳越間。

「只有自己想辦法了。」

當時吳郡、會稽、丹楊之間，藏匿著大量流民，其中頗有一些散兵遊勇。他們有的是舊日劉繇、王朗、嚴白虎的舊部，被孫策打散了之後一直藏匿在山中；有的本身就是孫策的部下，只因當初孫策暴死，他們對孫權沒有信心，離開軍營逃入深山湖澤。

陸議打算招募這些人做自己的部曲，可是釣魚還得魚餌，招募費用又從何處來呢？郡裡很明白地告訴他，不會撥下半個銅子兒。

海昌近海，當陸議看見白花花的鹽巴，他有了主意。那就是煮鹽賣錢。

「太公治國，修政，因其俗，簡其禮，通商工之業，便漁鹽之利，而人民多歸齊，齊為大國。」書生陸議自有書生的辦法，海鹽在古代本身就是一種稀缺資源，歷來齊、吳這些近海之國，都從煮鹽業種獲取豐厚的利潤，陸議的資本也正是這些海鹽。

利用煮鹽、販鹽獲取的資本，陸議想盡辦法，從吳郡、會稽、丹楊之間的山區之中招降、募集了足足兩千名部曲。

然而這衣衫襤褸、七拼八湊的兩千人馬不免被鄰縣恥笑：「一個白面書生帶著兩千叫化子能做什麼？」

可是不久，陸議居然摘取了會稽的山賊大頭目潘臨的首級上報給太守朱治。

「陸伯言配得上我的妹妹麼？」

妹夫陸議，這是個奇怪的稱謂，孫權為自己的突發異想而吃驚。

單從年齡上看，二十六歲的陸遜與二十二歲的孫尚香倒是般配，以門戶論，富春孫氏與吳縣陸氏的聯姻無疑是一個好主意。可是孫權卻猶豫不決。

當初徵召陸議入幕，便已經招致老將們的諸多非議，要是把妹妹許配給他，恐怕會引起軒然大波吧！更重要的是：陸議值不值得孫權冒這個險。

江東的青年才俊中，陸康之子陸績與顧雍之子顧邵因為博覽群書而被認為是第一流的人物，至於陸遜，則與張敦、卜靜等同流，被視為第二等的人才。

其實孫權對尋章雕句的純文人不感興趣，他需要的是文武兼備的中流砥柱，然而陸議是不是這樣的人物？

十二歲便代替叔叔陸績主持家族，陸議自有過人之處。孫權需要時間來觀察他的人選，

第五章　紫髯將軍的決策

可是老妹的年齡卻在一點點地上去，如果再不做決斷，孫仲謀的妹子真的成了嫁不出去的老姑娘了。

糟糕！

這一年的秋天，從北方傳來了孔融被殺的消息。

「曹操居然對聖人後裔下毒手，實在可惡！」

儒生們憤慨之情溢於言表，將領們卻默不作聲。大家都知道，孔融與荊州的劉表、劉備關係密切，當年黨錮事件，劉表正是黨人的領袖之一，而孔融則同情黨人，甚至收留了逃亡的黨人張儉。至於劉備，當初孔融在北海做太守，被數萬黃巾圍攻，正是劉備冒死相救，擊退了黃巾。

眾人很容易地聯想到，曹操殺孔融，是為了南征劉表、劉備掃除後患。

值得注意的是：孔融的公開罪名卻完全與二劉無關，倒是說到了孫權，其文辭曰：

少府孔融，昔在北海，見王室不靜，而招合徒眾，欲規不軌，云「我大聖之後，而見滅於宋，有天下者，何必卯金刀」。及與孫權使語，謗訕朝廷。又融為九列，不遵朝儀，禿巾微行，唐突宮掖。又前與白衣禰衡跌蕩放言，云「父之於子，當有何親？論其本意，實為情慾發耳。子之於母，亦復奚為？譬如寄物缶中，出則離矣」。既而與衡更相讚揚。衡謂融曰：「仲尼不死。」融答曰：「顏回覆生。」大逆不道，宜極重誅。

這麼一來，孫權還真有點緊張了。本來這件事與我無關，大可高高掛起。孔融是你曹操的人，你殺你的便是了，何苦把我孫權不明不白地牽扯進去。這一牽扯可就說不清楚了，莫非這是為下一步討伐我孫權埋下一個伏筆。

這正是可憂之處，自從兄長孫策雄起江東以來，曹、孫兩家的關係便一直是牽扯不清，明裡看有著婚姻的關係，彼此相處得不錯；暗裡看卻是小動作不斷，真可以說是臺上握手、臺下把腳亂踢。

想那曹操自從陳留起兵起來，東破陶謙、袁術、呂布，北滅袁紹、烏桓，西方的關中群閥如馬騰之流據說也已經向他臣服。算起來曹操統一天下只差一步，那就是南方。南方有誰呢？一個劉表、一個孫權而已！

風雲流轉，本來劉表是毋庸置疑的死敵，絕無原諒的餘地。雖然直接的凶手黃祖已然就誅，可是認真追究起來，劉表才是罪魁禍首，黃祖不過是一枚棋子。然而現如今孫權卻不得不重新考量他與劉表的關係，有劉表在，孫權便多了一幅屏障。這屏障擋在曹操和孫權之間，多撐一日，孫權便多一天戰備的時間。

於是平生第一次，孫權希望劉表這個死敵能多活幾年，他甚至考慮與劉表的聯姻問題，是否把妹妹孫尚香嫁給劉表的兒子劉琮，直到臣下告訴他劉琮已經娶了後母蔡夫人的姪女為妻，這才無可奈何地作罷！

劉荊州不能死！

諷刺的是，往日孫權詛咒劉表那麼多年，劉表都安安康康的；這會孫權一換心思，劉表便不行了。八月，從荊州來的消息說：劉表已經死了。

孫權很鬱悶，老媽死的時候，他也沒這麼鬱悶過。

這時魯肅來了，他請求去荊州走一趟。

「為何去荊州？」

「奔喪。」

孫權是個聰明人，當下恍然大悟，魯肅真是思慮敏捷，想到自己的前頭去了。凡事都要有個因頭，荊州與江東勢如水火這麼多年，剎那之間說要並肩作戰、抵抗曹操，未免太突然。可是魯肅現在跑這一趟，到喪禮上這麼一哭，說點安慰的得體話，這就有了化敵為友的契機。

「自古禮不伐喪，曹孟德乘荊州之喪而南征，欺人太甚，我江東願意與荊州捨棄前嫌、共拒北兵！」

這麼大義凜然的藉口，真是不容錯過。

問題在於，劉表已死，聽說劉表的兩個兒子都是不肖之徒，在軍中各自拉幫結派。更複雜的是一邊還有一個老滑頭劉備在旁虎視眈眈，我等此去，該和誰結盟為好？

魯肅點點頭，近一段時間來，他全力研究關於荊州的情報，儼然一個荊州問題專家。成竹在胸的魯肅，制定了兩套應對方案：

方案一：如果劉表的兩個兒子以及劉備都能意識到問題的嚴重性，暫時放下紛爭，齊心協力抗曹，那麼我們就與他們結盟。

方案二：如果荊州內部紛爭、無法團結，那麼我們就拉一個打一個。從種種跡象看來，劉琮身邊的蔡瑁、蒯越等重臣都比較親曹。而劉琦卻與劉備比較接近，所以我們的備用方案是拉攏劉琦、劉備，打擊劉琮。如有可能，兼併荊州的一部分作為抗曹前線亦無不可。

「如若劉琦、劉備也不可靠，那又當如何？」

「那就是最悲觀的局面，唯有搶先下手，殺掉劉琦、劉備，奪取江夏、南郡。」

然而在未到荊州之前，這一切都是空談。當務之急，是搶在曹操拿下荊州之前與劉表二子接上頭，看清荊州內情，及時作出決斷。

所以，魯肅必須立即出發，奔赴荊州。

不過，這樣重大的決策，慣例是要與張昭商量一下的。

「張公老成持重，凡事思前想後才做定奪，與他商量，一定會拖延時日，到時候恐怕曹操已經拿下荊州了。」

誠如魯肅所言，張昭的性格的確有些顧前瞻後，孫權想：也罷，就讓我獨斷乾坤一回！

31. 諸葛亮來也

當日魯肅便坐船順流而下，等到張昭等人知曉，已經是三天後的光景。張昭的臉立刻就黑了，若是孫權早一點告訴他，他一定會全力阻止此事的發生。

「將軍誤矣！」

張昭太難過了，孫仲謀你怎麼能做出這種事？我老張是首席文臣，當初孫策臨終、吳國太臨終都把大事託付給我，你怎麼能不與我老張商量就做出這樣重大的決定！

張昭認為：在這個關鍵的時刻與劉表化敵為友，不但得不到劉表勢力的真正協助，反而引火燒身，白白送給曹操以討伐的藉口。孫仲謀你還是太年輕了，不懂其中的厲害。曹操此次南下，第一目標自然是荊州，劉表死後，荊州已經失去抵抗勇氣，很可能會不戰而降。

曹孟德拿下荊州之後，有一個方向性的選擇，一是西進益州，討伐同為劉氏宗親的劉璋；二是東下江東，討伐與自己有姻親關係的孫權。

無論抵抗與否，江東目前最緊缺的就是時間，如果能推動曹操西進益州，江東便贏得了喘息的時間。否則，江東便不得不在荊州淪陷之後，獨自面對強大的曹操。

糟糕的是，魯肅的行動，正好給曹操以討伐孫權的理由：

「既然孫仲謀與荊州餘黨眉來眼去，那我也就不必顧忌姻親關係，順流東下好了！」

這正是年輕不懂事的孫權與同樣年輕又急於表現、立功心切的魯肅莽撞行事所導致的嚴重後果。

這一席話，說得孫權瞠目結舌。

然而無論張昭如何不滿，魯肅已經如射出的箭，沒有回頭之時。此刻他正在江面上遙望兩岸山色、躊躇滿志地描畫未來。

自從當日聽從了周瑜的勸告留在江東，又以「竟長江所極，據而有之，然後建號帝王以圖天下」的宏偉藍圖遊說孫權，得到他的青睞，魯肅本以為從此自己可以在江東大展宏圖，未曾想從此便被雪藏。

原來在江東，張昭才是掌握士大夫前途命運之人！

魯肅油然產生這樣的想法，他也自知，張昭不喜歡自己，理由是「年少粗疏，未可用」。魯肅承認張昭說得有道理，他的確還年輕，思考問題也難免粗心、有疏漏，有急於表現、冒進的嫌疑，可是這絕不是雪藏自己的理由！

魯肅認為事情的關鍵在於自己因周瑜推薦而來，在張昭眼中他是異己。聽說周瑜與張昭、程普等文武老臣的關係都不是很融洽，因此周瑜推薦的人多受排擠。

譬如說諸葛瑾吧，他最初是孫權的姐婿曲阿弘諮推薦的，與魯肅同為賓客待遇，可是因為與張昭的關係密切，他如今已經是孫權的長史。還有那個呂蒙，因為有張昭的關照，當上了別部司馬。當初孫權要把諸小將撤除，若不是張昭洩漏消息，呂蒙怎麼會好端端地為自己的部下添置衣物軍備，結果因禍得福，反而受器重了。

相反，張昭不喜歡的人，大多被邊緣化了，譬如說魯肅自己，還有甘寧，江夏戰役結束後就被打發到當口駐紮去了。

江東有此感覺之人，恐怕不僅僅是魯肅一人。孫權接管江東以來，本是張昭與周瑜左右扶持，張管文，周管武。可是武將之中以程普、韓當為首的一班宿將對年輕的周瑜很不服氣，周瑜不想與他們起正面衝突，只能採取冷處理，暫且出避，到鄱陽湖練水軍去了。這樣一來，吳郡大本營的政務大權幾乎全部落入張昭之手，孫權幾乎是對他言聽計從。

魯肅無法否認張昭的忠誠，但是在張昭執政之下，包括魯肅在內的一群年輕人難有出頭，卻是不容置辯的事實。如此一來，大概只有一次大危機徹底顛覆江東的權力格局，魯肅等後進之輩才有脫穎而出的機會。

眼前不正是這樣的一次機會麼！

然而世上之事，不如意者往往十之八九，魯肅興沖沖趕到荊州南郡地面。距離荊州首府襄陽還有數日路程之時，噩耗撲面而來：「荊州已經降了！」

魯肅的滿腔希望與抱負，登時被無情地打個粉碎。

魯肅最後的希望，全部寄託在劉備身上。可是當他在當陽長坂坡見到劉備以及他的部隊時，魯肅不免發出了哀嘆之聲：「這哪裡還是一支軍隊，簡直就是乞丐嘛！」

誠然如魯肅所見，被曹兵殺得七零八落、丟盔棄甲的劉備軍與大批難民混雜在一起，士氣低落、狼狽不堪。

等到見到劉備本人，雖然看得出老劉已經強打精神，可是一臉的頹喪無從掩飾。魯肅不覺大失所望，難道這就是他寄予厚望的天下英雄劉玄德？

可是既然到了這步田地，也只有賭下去。魯肅唯有溫言安慰劉備，傳達孫權對他的問候。

「荊州已經淪陷，劉豫州打算往何處去？」

劉備苦澀地笑，他擺著手似乎要說已經無路可逃，可是他的身邊，一個年輕人朝他使個眼神，於是劉備打了個哈欠，說出了一個人名——吳巨。

吳巨是劉表委任的蒼梧郡太守，遠在嶺南。劉備說吳巨是自己的老友，所以打算到嶺南去投奔他。

魯肅冷笑，在心裡暗說如果真的去了蒼梧，吳巨一定會把你的首級割下來送給曹操做見面禮。可是話可不能這麼說出來，魯肅打量著劉備身邊的年輕人，他聽說劉備左右有號稱萬人敵的關、張、趙，這個年輕人一副斯文模樣，應該不是關、張；魯肅又聽說劉備身邊的謀士，有糜竺、簡雍之徒，這個年輕人會不會是糜竺呢？

魯肅忽然覺得此人的面相好像在哪裡見過，在哪裡呢？

「吳巨只是一個凡夫俗子，蒼梧又很偏僻，恐怕淺水溝容不了真龍，劉豫州說要去蒼梧，不會是在開玩笑吧！」

劉備回頭與那年輕人耳語數句，微笑著向魯肅拱手：「既然如此，不知魯君可有什麼指教？」

魯肅啞然失笑，他想起這年輕人是誰了，他的面相與諸葛瑾頗為相似，只是臉沒諸葛瑾那麼長，難怪他有似曾相識的感覺，這人便是諸葛亮！

「劉豫州可知孫將軍是何許人也？」

劉備哈哈大笑，他的神氣慢慢地在恢復了，或許他已經揣摩出了魯肅的意圖，他說當年在洛陽，曾經一睹孫破虜（孫堅）的風采，在徐州時又聽說過孫討逆（孫策）的事蹟，可是魯肅所說的這位孫討虜，不好意思，還真的不熟！

「孫討虜聰明仁惠，敬賢禮士，江表英豪，咸歸附之，已據有六郡，兵精糧多，足以立事。」雖然明知對方有激他的意思，魯肅還是忍不住脫口而出，「如今為劉豫州考慮，不如派遣可靠之人，隨魯某前往江東，與孫討虜結盟，這才是上上之策！」

其實，這也正是劉備的想法，他與諸葛亮早就商量過了，荊州已經完了，西奔益州、南投蒼梧都是不現實的想法，唯有向東聯合孫權才是求生之法，可是苦於沒有牽線搭橋之人。這幾日，劉備正打算讓諸葛亮給他的哥哥諸葛瑾寫信呢，沒成想魯肅自己送上門來了。

所以方才所說吳巨一類的話都是故作矜持的虛話，劉備當即決定，讓諸葛亮和魯肅一同前往江東，面見孫權，結成聯盟。

臨行之前，劉備與魯肅達成三點口頭協議：一、援軍抵達之前，劉備向樊口移動，扼守曹操東進之門戶；二、孫氏援軍到達之後，雙方組成聯合作戰指揮部，以孫氏為主，劉備為副；三、戰後荊州之歸屬分配，由雙方另行商議解決。

孔明與魯肅走後，劉備按照約定向東面撤退，此時，因為曹軍已經搶占江陵，先期南下的關羽水軍也來到樊口，隨後，又有劉琦的人馬前來會師。劉備將這些支離破碎的武裝整合起來，好歹湊成一支小規模的聯軍，等待孫權援軍的到來。

而這時的孫權，已經從吳郡進抵柴桑，此地素有「吳頭楚尾」之稱，孫權移居此地的用意，正是窺探荊州事態的發展。

從當陽到柴桑，只是數日路程而已。魯肅與孔明很快見到了孫權，這一回輪到諸葛亮的表演了。與忠厚謹慎、寡言少語的兄長諸葛瑾不同，這位諸葛能言善辯、擅於遊說，即便面對陌生的孫仲謀，他也毫無怯場之意。

然而諸葛亮還是有所誤判。在見到孫權之前，他有諸多揣測：孫權的父親孫堅是漢末名將、兄長孫策則有江東小霸王之名，如此看來，孫權在氣質上應該比較接近父兄的勇猛無異。猛將型的領袖，史上並不鮮見，遠有項羽，近有呂布，都以失敗告終。原因在於：這些猛將多數依仗自己的武猛，輕視智謀之士，對本方的團隊組織工作也往往掉以輕心。結果往往是麾下人才離散、落個眾叛親離，如項羽、呂布；或者輕敵突進，在戰場上意外喪命，如孫權之父兄孫堅、孫策。

諸葛亮很動了一番心思，做了各種準備。然而見到孫權之後，還是大吃一驚。首先是孫權太年輕了，從面相上看怎麼也不足三十歲；其次是孫權的第一印象，便打破了孔明的「猛將型領袖」想像，此人少年老成、城府頗深，完全不是傳說中的急躁猛大帥形象。

不過，孔明畢竟是孔明，很快冷靜下來。他的決策是先投石問路、探探虛實。

「天已經變了。」孔明的眼睛不知在望何處，說出來的話又沒頭沒尾，全然不搭調。魯肅暗暗皺眉。

「什麼意思？」

第五章　紫髯將軍的決策

「意思就是天時變化了。」

「什麼變化？」

「當初海內大亂，孫將軍您割據江東，而我家主公劉豫州則收眾漢南，與曹操並爭天下。可是現在天時變化了。」諸葛亮說，「如今曹操已經掃平群雄，破荊州而威震四海。就連我家主公劉豫州也覺得英雄無用武之地，所以遁逃至此。」

「如此說來，我該怎麼做？」

「量力而處之。」

「怎麼個量力？」孫權畢竟年輕，臉上浮現不服氣的神色。但還能沉住氣，聽孔明說下去。

「很簡單，孫將軍您如果能率領吳、越之眾與中原的大軍抗衡，那麼就該早日與曹操斷絕關係；如果不能，就放下武器、解開鎧甲，北面而事之！」諸葛亮說著，臉上露出奇怪的笑容，「可是現在將軍您三心二意，表面上服從曹操控制的朝廷，心理面又猶豫不決，我恐怕事急而不斷，將軍您禍至無日矣。」

孫權很意外，孔明此來的目的顯然是為了乞求救援，可如今卻說出勸降的話來。孫權不禁大奇：「依君所言，劉豫州為什麼不投降？」

孔明大笑，他看見魚兒已經上鉤：「田橫，齊之壯士耳，猶守義不辱；況劉豫州王室之胄，英才蓋世，眾士慕仰，若水之歸海！若事之不濟，此乃天也，安能抗此難乎！」

孔明這話就有些刻薄了，這是在貶低孫權，指責他根本不能與劉備相提並論。的確，與獨立創業的曹操、劉備不同，孫權的江東，來自父兄的傳承，特別是哥哥孫策的打拚。孫權是吃現成飯而已。

然而這也是二十七歲的孫權最煩惱之處。當年兄長孫策暴死，自己在倉促之間被張昭扶上馬，成為江東之主。可是，所有人都在懷疑這個年輕人是否有能力支配龐大的家業。雖然兄長孫策在臨終之前說了這麼一句話：「舉江東之眾，決機於兩陳之間，與天下爭衡，卿不如我。舉賢任能，各盡其心，以保江東，我不如卿。」可是這句話，聽上去總覺得是勉勵的成分多於實際的肯定。

隨後幾年，孫權拔除了李術，又攻克江夏，殺了黃祖，為父親孫堅報了一箭之仇。孫仲謀在江東的威望，這才逐漸提高。六郡之主的自我感覺，也漸漸地良好起來。可是現在，孔明的一句話，又刺痛了孫權的傷疤。孫權意識到孔明的潛臺詞：「天下人依然看不起你孫仲謀，因為你的江山是靠老哥打下來的，因為你從來就沒有遭遇強敵，沒有取得什麼真正的成功！李術、黃祖，不過小魚小蝦而已！而今碰上曹操這樣的勁敵，你孫權就只能屈膝投降。」

這大概是孫權接管江東八年來所聽到最刺激的話語，他感覺自己的血管在燃燒。孫權在心中自言自語，要麼就殺了這個諸葛亮，要麼就索性男人一把，下定抗戰的決心！

32. 投降之議

孫權選擇了後者，他勃然大怒，說了一句擲地有聲的豪言壯語：「吾不能舉全吳之地，十萬之眾，受制於人。吾計決矣！」

然而豪言壯語之後，孫權又懷疑起來，丟盔棄甲、狼狽逃竄的劉備，究竟還有多少資本與曹操對抗！

孔明回答說：劉備雖然戰敗，可是拼拼湊湊，加上關羽、劉琦的部隊，怎麼也有兩萬來人。

孫權不屑，兩萬人有什麼用，人家曹操可是水陸八十萬！

孔明解釋說，曹操雖然人多，可是長途跋涉、遠來疲敝。尤其這一次長坂坡大追襲，一日一夜行三百餘里，所謂「強弩之末勢不能穿魯縞」，曹操這是犯了兵家大忌，「必蹶上將軍」！再說了，曹操的八十萬人，一大半是北方之人，不習水戰；一小半是荊州的降兵，被蔡瑁、張允鴨子趕上架，並非真心要為曹操賣命。所以，如果孫將軍能與劉「豫州協規同力，破操軍必矣。操軍破，必北還；如此，則荊、吳之勢強，鼎足之形成矣。成敗之機，在於今日！」

一席話，說得孫仲謀士氣如虹，可惜第二天就一瀉千里，而罪魁禍首，居然只是一箋書信而已。

信是曹操親手寫的，篇幅很短，正好三十字：「近者奉辭伐罪，旄麾南指，劉琮束手。今治水軍八十萬眾，方與將軍會獵於吳。」

第一個看信的便是孫權，如果說此前他還有什麼幻想的話，此時這幻想便如氣泡般一樣在他眼前破滅了。然而他的心裡倒也不是特別慌張，要來的終究會來，躲也躲不過。當年兄長孫策積極地準備想渡江過去與之角逐天下的那個人，如今竟然從西邊順流而下，來了！

孫權讓侍者把書信傳遞給部屬，第一個自然是張昭。

張昭倒也冷靜，對於這件事，他早已經做好了充分地猜想，這封信不過是驗證了他的擔心罷了。然而想起魯莽的魯肅所挑起的種種是非，張昭不禁怒火中燒。

書信往下傳閱，反應可就激烈了。有人的臉色鐵青，有的人汗流浹背，有的甚至驚懼出聲。

一瞬間，恐怖的情緒如傳染病般襲擊了整個大廳，無人可以倖免。就連本無懼色的孫權也意識到了問題的嚴重性。

「原來曹孟德如此可怕！」

在世人的印象中，曹操已經是無敵的代名詞。曾經張牙舞爪、強盛一時的天下群雄，如呂布、袁紹都無法與他抗衡，江東人最嘆服的孫策曾想挑戰他的權威，結果莫名其妙地死在了丹徒，雖然說是許貢的門客所為，但是焉知背後是否曹操的指使？

江東的英雄若在，也許還能抵抗曹操，但孫權似乎不在這英雄的名單中：他的父親孫堅是，他的兄長孫策是，但他們都死了；甚至當年能與孫策在神亭肉搏的太史慈都在兩年前死了，據說曹操曾給他寄來一個盒子，打開一看，只有一味中藥：當歸！看來曹操對江東的人與物都是垂涎已久。

沉默了許久，張昭開口了，他說得很慢，聽得出是經過了深思熟慮，然而這話聽在孫權的耳中，卻是那樣的刺耳。

「老夫已經五十多歲了，夫子說過：五十而知天命，既然如此，老夫就直言了。然而所謂良藥苦口利於病，忠言逆耳利於行，張昭將要說的這些話，自知也是逆耳之言，可是到了這個地步，不得不說。」

張昭頓了一頓，目光掃視群僚，人人都側耳以聽，因為所有人都知道：張昭是江東的主心骨。

「先說說曹操吧，當初群雄並起，袁、曹、呂、劉，曹操並不是最強的一家。為什麼十餘年來，群雄翦滅，唯有曹操一家獨大？答案很簡單，我們說到底都是大漢的臣民，而曹操卻是挾持著天子的豺狼虎豹，他頭頂著大漢丞相的名號，討伐誰，誰便是亂臣賊子！所以我們若是與曹操對抗，首先在道義上就處於不利的地位。」

「再說說我們自己，我們之所以能與曹操抗衡，無非就是憑藉江水的地利，可是曹操如今已經拿下了荊州，占據了江水的上游，而我們卻在江水的下游，這是其一；當年劉表為了與我們抗衡，組建強大的水軍，大小船隻數以千計，如今這些水軍都歸入曹操的麾下，曹兵水陸並進、難以抵擋，這是其二。所以我認為：我們已經失去長江天險，在兵力上又遜於對手，唯有迎納曹操，才是保全之上策！」

孫權聽了這話，如冷水澆身，他想：自己一直以來最信賴的張子布已經放棄了，這是可恥的投降。

張昭說完落座，滿堂寂靜，一時無語。

孫權虛弱無力地說：「無妨，諸位可暢所欲言……」

第二個發言的是秦松，他也是孫策時代的老臣、主要的謀士，令孫權失望的是：他的言論完全是在附和張昭。

投降，原來這就是江東的心聲啊！

孫權百無聊賴地看著眾文武，他們大概是對的，戰火一起，生靈塗炭，一旦戰敗，無論孫權還是張昭都要掉腦袋，還不如投降，大家都有好處，也許曹操還能優待俘虜，給個官做。聽說劉琮投降之後調任青州刺史，蒯越等人將入京擔任部長級高官（列卿），封侯的人數多達十五人之眾，可見曹操還是蠻有人情味的。

孫權猛然想起了魯肅，他也主張投降不成？

魯肅低著頭，在群僚中一語不發，他是啞火了，若不是刻意尋找，根本就注意不到他的存在。

「也罷，投降就投降！」孫權想到這裡，霍然起身。

「將軍作出決定了麼？」張昭問。

孫權忽然有些生氣，他很想質問張昭一番，顧命大臣就是這麼做的嗎？可是話到嘴邊又嚥了回去，孫權只是嘟囔了一句：「更衣！」

現在看見你們就生氣，不和你們玩了，孤更衣解手去了。孫權一拂袖，轉身盡量進了後廊。後廊不長，可是孫權卻覺得腳步沉重，兄長交給自己的江東基業，就這麼放棄了麼？將來在九泉之下如何面對父兄？

身後有急促的腳步聲，孫權煩躁地回頭，一把揪住了來人的衣袖，把他推搡到廊柱邊上。

「將軍，是我！」

「知道是你，孤要更衣，你來作甚？」

魯肅喘著大氣：「我有話要說。」

孫權鬆了手：「有話就說！」

「剛才大家的議論聽不得，這是在誤導將軍。」

「哦，怎麼解釋？」

「拿我自己來說吧，像我這號人投降了曹操，曹操多半不會殺我，而是把我流放回鄉，要是幸運的話，也許會給我一官半職，要是運氣不佳，大概做一個最低微的小小從事官。到那時我就坐著牛車去上班，和士大夫們聊天吹牛拉拉關係，熬久了也會慢慢地升上去，將來說不定能做到州刺史、郡太守。」

「啊，如此說來，投降不是很好麼，在江東，你魯子敬只是區區一個幕僚而已。」

「是啊，魯肅可以投降，可是將軍您呢？您到何處安身？曹操能放心地讓你回歸故里，別忘了曹操可是多疑之人！」

自古以來，亡國之君多數沒有好下場。所以商紂王寧願自焚，也不願意做俘虜被周人羞辱。項霸王在江邊自刎，也不肯向劉邦低頭乞降。當然，也有厚著臉皮苟且偷生、活得還挺自得其樂的，譬如後來的劉禪。然而以孫家父子遺傳下來強烈的個性，孫權又怎麼能苟且如此？

「混帳，剛才在議事廳你怎麼不說這些？」

「我魯肅人微言輕，哪裡能與張子布他們抗衡！」魯肅說，「如今這江東，唯有一人可以說服張昭！」

孫權知道他說的是誰，這個魯子敬的門檻是越來越精了。

33. 周瑜決策

藍天、白帆、碧水，若無水軍練習的嘈雜之聲，周瑜幾乎要陶醉在這湖光山色之中。

鄱陽湖，此時的名字叫彭蠡澤，位置比今日之鄱陽湖要偏北一些。所謂：「沉梟陽起都昌、沉海昏起吳城」，後世的湖心，這時還是人口稠密的城池，一為都昌、一為海昏，數年前太史慈就在這一帶駐紮，去世之時，不過享年四十一歲的他心有不甘地大叫：「大丈夫生於亂世，當帶三尺劍立不世之功；今所志未遂，奈何死乎！」

造化弄人，死神不會因為你是英雄就讓你三分，太史慈的悲哀，周瑜深有體會。當年的孫伯符亦是如此，三五年來，英雄凋落，時年三十四歲的周郎不禁也有一種物是人非事事休的蒼涼之感。

這時，一條小舟靠上了周瑜的大船，徐盛帶著孫權的緊急文書而來，周瑜微微心動，打開書函，原來是叫他速去柴桑，共商大事。

如今這種形勢，還有什麼大事，無非是曹操南下，是戰還是降？

若是孫伯符在，哪裡會有這麼多的是非，唯有一戰方休！

第五章　紫髯將軍的決策

從一定程度上，周瑜倒是贊成張昭打不過就投降的看法，問題在於前提變了，打得過為什麼要投降？

孫伯符休矣，太史慈俱往矣！可是莫道江東無人，我周公瑾還在，曹操雖然英雄，卻是個旱鴨子，在這南國水鄉，周瑜才是真英雄。

經過與魯肅的深談，孫權其實已經下定了抵抗的決心。問題在於如何說服張昭為首的主降派，將人心凝聚起來。

孫權決心讓張昭們看一場戲，而這場戲的主演，資歷太淺的魯肅不行，外來戶諸葛亮更只會壞事，只能是周瑜。

周瑜這就起身，兩日便到了柴桑，正趕上第二次軍議，孫權和魯肅正眼巴巴地望著他呢。張昭說：「公瑾，你應該贊同我的意見。」

「不知張公是什麼意見？」

「愚謂大計不如迎之。」

「不知張公何出此言？」

「其一、曹公，豺虎也，挾天子以征四方，動以朝廷為辭；今日拒之，事更不順。其

二、將軍大勢可以拒操者，長江也。今操得荊州，奄有其地，劉表治水軍，蒙衝鬥艦乃以千數，操悉浮以沿江，兼有步兵，水陸俱下，此為長江之險已與我共之矣，而勢力眾寡又不可論。」

「原來如此。」周瑜面色溫和如故，可是語出驚人，「張公所言，句句珠璣——可惜不通、不通！」

魯肅暗笑，張昭的臉上可就有些掛不住了：「哪裡不通？」

「通通不通！」

自從孫策去世以來，勇於這樣搶白張老先生的人，除了脾氣火爆的甘寧，大概只有周瑜吧。只是甘寧的話甚少聽眾，周瑜卻不同，他是與張昭並駕齊驅的顧命大臣。

「先說這第一條，曹操是大漢丞相，是不是，是嗎？」

「當然是。」

「錯了，他不是漢相，而是漢賊！」

周瑜提醒眾人，還記得董卓麼，他也曾做過大漢的相國，當年各路諸侯不也把他當做漢賊來討伐麼？

一句話，已經顯山露水，張昭明白，周公瑾這是有備而來，要與他針鋒相對。

周瑜的反駁很有力：「曹操這個丞相只是幌子而已，實際上此人野心勃勃，一旦統一天下，便要篡權奪位，所以『操雖託名漢相，其實漢賊也。』孫權身為漢室封疆大吏，抵抗這樣的『漢賊』，義不容辭。」

至於張昭的第二條理由，周瑜為眾人分析了敵我形勢：先說本方，孫權本人是一個「神武雄才」，又繼承了父兄開創的江東基業，江東「地方數千里，兵精足用」，孫權正可利用這資本「橫行天下，為漢家除殘去穢！」怎麼能輕易投降呢？

孫權是神武雄才？這話還是第一次聽說，大概很多人認為這是周瑜在拍馬屁，因此偷笑不已。但是張昭等人也不好大聲反駁，說孫權不是「神武雄才」，不過是沾了老爹和老哥的光罷了，那也太不給人面子了。於是張昭們只好耐著性子聽周瑜說下去。

接著周瑜又分析敵方形勢，他說曹操雖然打敗了河北袁氏，可是北方畢竟還是沒有完全平定，馬超、韓遂在西涼虎視眈眈，這是曹操的後患，可謂冒犯人和。曹操自己呢，又放棄了北方軍人的騎兵優勢，上船與江東水師在水中爭雄；可謂冒犯地利；現在正逢寒冬，曹操把不習水土的北方人趕到江湖之間，必然疾病橫行，可謂冒犯天時。後有隱患、捨長取短、逆天行事，這都是兵家大忌，曹操卻冒險一意孤行，這是給將軍生擒曹操的大好機會！

孫權暗暗嘆服，這才是大將的風度謀略，原來身在鄱陽的周瑜並沒有閒著，他早就將敵我形勢摸得一清二楚，如今一五一十、有理有據地說出來，思路清晰、觀點分明，對前線軍情一知半解的秦松們簡直是啞口無言。

周瑜拍著胸脯請命：「瑜請得精兵數萬人，進住夏口，保為將軍破之！」

周瑜的大話，張昭實在聽不下去，他正要站起來發言反駁周瑜的觀點，然這時孫權卻拍案而起，張昭只能坐下。

孫權拿眼角瞟了一下張昭，心說：這個節骨眼上怎麼還能讓你再說話。他一反常態地大聲宣布：「曹操這個老賊一直想廢漢自立，只是顧忌袁紹、袁術兄弟以及呂布、劉表和我罷了。現在袁紹這些人都被他消滅了，只有我還在。我身為漢臣，當然和老賊勢不兩立，公瑾所言，完全合我的心意，這是老天將周公瑾送到我身邊來輔助我！」

張昭暗想：曹操什麼時候顧忌你這個小子了，人家最多顧忌你的大哥？從何時起，你又怎麼與他勢不兩立了？從你哥哥孫策時代起，孫氏就接受了曹操授予的官職，並且結下兒女親事（曹操曾為兒子曹彰迎娶孫家的女兒，又把曹家的女兒嫁給孫策的小弟孫匡）。就連你的官職：討虜將軍、領會稽太守，不也是蒙曹操所賜嗎？

似乎是知道張昭在想什麼，從來一直是謙虛謹慎、對老臣們尊敬有加的孫權猛然起身，拔出佩刀，怒視前方，眾人大驚，孫仲謀想殺誰？

張昭不禁倒吸一口冷氣，下意識地摸摸自己的脖子。

孫權不想殺人，他不過是在撐架勢嚇唬人而已。當然戲是要演得真切些才好，這一刀下去，呼呼有聲，劈落在案上，一個案角應聲落地。隨即孫權粗著脖子喊了一句：「諸將吏敢復有言當迎操者，與此案同！」

一時寂靜無聲。孫權心頭暗喜，這一場戲演得太成功了！內事不決問張昭，外事不決問周瑜。這事還真得聽周郎的。

34. 周郎顧曲

大哥走後，我一直把周公瑾當做自己的大哥來看待，這也是母親的意思。這一仗之所以能取勝，一大半的功勞要歸他。說心理話，我都有些嫉妒他了。他長得那麼帥、且如此機智多謀，又討了個那麼漂亮的老婆。上天何其慷慨，把那麼多優點給了他一個人。

大戰之前，我其實是很擔心的。因為我能給他的兵不多，區區三萬而已，要知道曹操的大軍號稱八十萬，去除水分，二三十萬總是有的。以一敵十，我知道這意味著什麼？此外，我不得不照顧老將們的情緒，派程普做他的副手。我知道程普是個有分寸的人，可是我也知道他對周瑜擔當主將很不滿。老將們多少會給周瑜找一些麻煩，公瑾能不能順利應付呢？我心裡沒底，唯有祝他好運！

——孫仲謀的獨白

樊口，一個大耳朵的中年男子已經在此迎候多時了，心急如焚的他，這些日子裡幾乎天天來江邊探望，這一日，終於看見了打著江東旗號的戰艦。

「是江東周都督的大軍到了。」

劉備大喜：「快請周都督上岸相見。」

劉備的使者坐了一條小船靠上周瑜的大船，傳達劉備的問候。一副戎裝的周瑜卻板著臉說：「軍務在身，不可擅離職守！」

劉備無奈，只好自己坐上小船去見足足小他十四歲的周瑜，一見面，便問軍隊的數量。

周瑜心想：這正是哪壺不開提哪壺啊！

那日結束軍議之後，周瑜有又去見孫權。直到夜幕降臨，還沒有走的意思，因為談到了最核心的部分：孫權能給多少兵力？

「曹操的書信中說什麼水軍八十萬眾，其實是在吹牛。據我調查所知：曹操的本部軍團，不過十五六萬，而且疲憊不堪、已成強弩之末。新接收的劉表荊州水軍，滿打滿算不過七八萬，更何況心懷狐疑，曹操用疲憊之師駕馭狐疑之眾，人數再多，也無需害怕。」

周瑜伸出五個手指頭：「只需五萬精兵，我就可以克敵致勝。」

「只有三萬人。」

雖然有心理準備，孫權的回答還是令周瑜吃了一驚。他已經將曹操的八十萬縮水說成了二十幾萬，就算是江東水軍能以一敵五，那也得五萬人不可，可是孫權居然說只給三萬。

這不是買菜，我說五毛你給三毛！這是生死搏殺，少一張牌少了一份生機。

周瑜明白，孫權這是留了一手，萬一那三萬人賠了，他還有兩萬人保老家。說到底對我還是有點不放心，也罷，三萬就三萬！

似乎感覺到了周瑜的情緒，孫權又安慰他說：「公瑾，你今天真是說得太好了，張子布、秦元表實在是太讓孤失望了。這一次，只有公瑾你和子敬與孤同心同德，這大概是老天爺把你們賞賜給我。」

話鋒一轉，嘆起了苦經：「可是五萬人一下子實在很難拼湊起來，這三萬人雖然少了點，可是船艦、糧草、武器，應有盡有、配備齊全。至於剩下的的兩萬人……」

原來孫權的意思，是周瑜先和魯肅、程普出發，孫權在後方繼續籌備，把剩下的人馬陸續派來，同時全力供應糧秣，保證充足，做好後援工作。

在孫權的盤算中，江東將分設兩道戰線，周瑜是第一道，如果戰爭能在第一道結束，則萬事大吉；如若不然，周瑜就率殘兵退入第二道與孫權會合，孫權將親自帶領大軍與曹操一決生死。

程普當時在海昏，太史慈死後，他接替了太史慈的職位。孫權讓周瑜與他並列左右都督，用意很簡單，那就是讓以周瑜為首的中生代武將與程普為首的元老級將領們團結起來，一致對外！

想法是挺好，不過有點難度。周瑜一想，又是出難題給我，好好，照單收了。

現在回想起來，三萬人加上一個不合拍的程公，周瑜真是有點頭大了。可是面對一臉倒楣相的劉備，目前最需要的是鼓氣。

「三萬人足夠了，劉豫州且看周瑜破敵！」

第五章　紫髯將軍的決策

劉備心說你就吹吧，回想起來，還是魯肅看上去老成一些，於是他請求和魯肅見面聊聊。沒想到被周瑜一口拒絕，他說魯肅現在已經不是使者，而是贊軍校尉。如果劉豫州一定要相見，可以另行拜訪。

事實上，魯肅和諸葛亮在後面的船上，三天之後才到達。

劉備又是慚愧，又是驚喜。就在這時，他暗自從下了自己的小算盤，這一會可得機靈點，別把老本全蝕進去。

其實在這個方面，劉備是個老手。當年官渡大戰，他眼看袁紹這邊有點懸，立刻耍了個小聰明，說是要去曹操的後方開闢第二戰場。袁紹信以為真，實際上劉備是兩手準備，一到汝南，見形勢不妙便溜之大吉。後來戰局演變果然如劉備所料，袁紹大敗，若非劉備溜得快，必然損失慘重。

這一會劉備故伎重演，整個赤壁之戰期間，他成了影子盟軍，《江表傳》披露說：為了保存實力，劉備只帶了關羽、張飛等兩千人馬「差池在後」，顯然是做好了萬一戰事不利便撒開腿跑路的準備。

周瑜當然注意到了劉備的三心二意，然而他也沒在意，本來他就沒打算指望劉備這支流浪軍。在周瑜的計畫中，這一戰只屬於江東，屬於孫權、周瑜，沒劉某人什麼事。

周瑜現在最擔憂的倒是江東陣營內部，老將軍程普也贊成抗戰，可是一聽說擔任主將的是周瑜而非自己，他的臉上就很有些掛不住了。

說起來程普跟隨孫家父子到現在，少說也有二十幾年了。北方出身的他，當初還對南蠻子孫堅很是不屑，可是親眼目睹孫文臺的武勇之後，這個人高馬大的河北鐵漢被徹底征服了。

「這樣的男子漢，才配得上做我的主公！」

於是他和大同鄉韓當一道跟隨孫堅，成為孫堅麾下的鐵漢搭檔。孫堅也很看重他，因為程普不是有勇無謀之輩，早年曾做過州郡吏的他口才極好，擅於應對，又頗懂謀略，堪稱文武雙全。在孫堅麾下，他的地位是獨一無二的。

如果孫堅還活著，程普的地位一定會高於張昭、周瑜。

可惜孫堅早早地喪命沙場，在峴山的那一刻，程普幾欲瘋狂，他不顧箭矢，揮舞手中的兵器，想要奪回孫堅的屍體，可是最終還是失敗了。

本以為從此就散了，程普一度打算回北方，無論是袁紹、公孫瓚，都樂於收留他這樣的智將。

第五章　紫髯將軍的決策

可這一天孫策來了，他眼含著熱淚，說了一句話：「程公，幫我，如同幫我父親那樣。」

程普落淚了，他知道自己從此離不開南方了。難道說像他這樣一個北方漢子，卻注定與南國有緣？

於是跟隨孫策去了淮南，圍攻廬江，有他；東渡轉戰丹楊、吳郡、會稽，也有他。待到江東平定，計算戰功，程普第一。

「有程公在，我無所畏懼！」

程普知道，孫策對自己不但是欣賞，更有一種超越上下級的信賴之情，或許喪父的孫策是把他當做叔伯父看待的，正如當年的孫堅，從不把他當做自己的下屬，而是可以交心的朋友。

然而孫策也死了，在丹徒死得那麼突然，程普甚至來不及嚎哭。他常記起那一次討伐祖郎之戰，孫策、程普等數人被數倍於己的敵軍圍攻，是程普驅馬疾呼，揮舞手中的長矛掩護孫策，殺出重圍。

那一戰，以矛突賊的程普儼然戰神。

事後，孫策提拔程普為蕩寇中郎將、領零陵太守，地位高於眾將。程普以為，這是自己的黃金時代。

然而程普的黃金時代，也隨著孫策的死而消失了。孫權接班以後，最倚重的是張昭和周瑜。張昭是個文臣，程普自然不能和他爭什麼，可是周瑜——不錯，孫策時代周瑜與孫策的關係就很鐵，可是孫策從未讓周瑜駕馭程普之上。程普知道：孫策是敬重自己的。

孫權卻不——也許是太年輕而不懂——尊重像程普這樣的老將。他的上臺是一個分水嶺，程普感覺自己的地位在每況愈下，而周瑜儼然成了首席武將。孫權征討黃祖，周瑜為前部大督。而這一次空前的抗曹大戰，周瑜是左都督，而程普卻是右都督，也就是說周瑜為正，程普為副。

我程普居然成了小周郎的副手？

論資歷，程普超過周瑜一等，論官位，程普也不輸給他，要說能力，程普自以為在伯仲之間，而程普的戰場經驗顯然勝過周瑜一籌。

然而殘酷的事實卻是程普屈居副職。程普感到憋屈、不服氣，也就是題中之義。可是偏偏他又不能很明顯地發作出來，那樣顯得自己太小氣，有損三朝元老的顏面。不過要是就這樣憋著，程普又覺得自己太委屈。

既然不能明著做，那就暗著來。老將中不服氣周瑜管束的多得是，程普不說，韓當等人也頂著呢。

於是幾次軍議，都不歡而散，周瑜說東，他們道西，周瑜說西，他們道東。周瑜忍不住問程普：「這是怎麼了？」

程普暗自得意，表面上卻佯作不知：「怎麼了，什麼怎麼了，很正常，正常得很！」

周瑜是何等聰明人，「曲有誤，周郎顧」，程普、韓當們聯合起來演奏的這一曲，周瑜看懂了，也有了對策！

35. 苦肉之計

老將們一心想給周瑜一點苦頭吃吃，可是程普做夢也沒有想到，事情會鬧得怎樣大，而挑頭的居然是黃蓋。

黃蓋是三宿將之一，與北方出身的程普、韓當不同，他是南方人，來自荊州零陵。在中原人眼中，那是個半開發的蠻荒之地。而從小便喪父的孤兒黃蓋更是嘗盡人間悲苦，然而生活越是辛苦，黃蓋卻越是堅強。他一邊砍柴、一邊讀書，學兵法、讀書經，終於被察孝廉、闢公府。孫堅在荊州南部招募壯士，他慨然應徵。

孫堅帳下三宿將，程普第一、韓當第二，黃蓋居於末位。

孫策時代，黃蓋儼然一個清道伕，哪裡的活最髒、最累，哪裡便有老黃的身影。《三國志》記載：「諸山越不賓，有寇難之縣，輒用蓋為守長。」石城縣吏號稱江東最奸猾的官吏，黃蓋上任了，第一天給他們開會，說自己是個大老粗，不懂公務員的勾當，所以把事務託付給你們。即便你們欺騙了老黃，老黃也「終不加以鞭杖」。一班奸猾小吏聽了，一時搞不清楚他唱的是哪齣，老老實實了一陣子。可是做久了，見老黃不過如此，這幫奸猾小吏便囂張起來，壞事做盡。忽然有一天黃蓋把所有人召集起來開會，還給酒食招待。

「有兩位同事涉嫌不法，請出來答話。」

黃蓋喊出兩個最奸猾之徒，一一詢問，那真是鐵證如山、不容狡辯，兩個最奸猾之徒叩頭謝罪。黃蓋說：「對了，我以前說過，終不以鞭杖相加，這可不是瞎話！」拉將出去，直接斬了。整個石城縣為之震慄，小吏們嚇得都尿褲子了，從此吏風大變。

黃蓋便是這樣的人，低調、踏實又常會做出出乎人意料之事。

第五章　紫髯將軍的決策

在元老派與少壯派的這場較量之中，黃蓋起初是置之度外的。他甚至勸說程普和韓當，大敵當前，應以國事為重。

「正是為了國事，所以才反對周瑜這樣嘴上沒毛的人當都督！」

黃蓋好脾氣地擺擺手，他不同意程普的做法，可是也說服不了程普，以他的人品、地位，當然也不會去向周瑜告狀。可是這樣一來，程普便與黃蓋有些隔閡了。

「老黃大概是看到周兒得勢，所以投靠到他那邊去了。」

然而程普沒想到的是：僅僅兩天後，黃蓋便與周瑜在軍議中發生了激烈的爭執。

「老子上戰場廝殺那會，你還在尿炕呢！」

周瑜面具亦是鐵青，全然沒有儒將風度，氣急敗壞地喝令將黃蓋拖出去。

眼見事情鬧到這個地步，眾將領都上去勸和說情，可是周瑜和黃蓋兩人卻似瘋了一般，一個破口大罵，一個氣得七竅冒煙。

這正是蹊蹺之處，在程普的印象中，黃蓋老成持重，周瑜則少年老成，這兩人都是穩重的人，怎麼會毫無徵兆地如潑婦罵街般在大營中大吵大鬧若此？

這時周瑜愈發暴怒，傳軍法官進來，便要對黃蓋的目無上司加以懲處。黃蓋呢，把劍都拔出來。

鬧到了這個份上，大家臉上都不好看，人人都把眼睛去瞄程普，這個場面，也只有德高望重的程普可以解決了。

程普乾咳了一聲，起身對周瑜說：「黃公覆雖然說話衝撞了都督，可是他畢竟是老臣，念在他為江東操勞多年，請都督且寬恕他這一次。」

周瑜神情古怪地看了程普一眼：「就是因為他仗著自己是老臣，所以才這般囂張跋扈，今日若不罰他，我這都督便要被踩在腳下了！」

這是把程普也罵了，一班老將登時都火了，畢竟還是程普比較有涵養，一個眼神制止了老將的衝動。

結果是黃蓋被打了，打得皮開肉綻，然而黃蓋硬是一聲不吭，死也不說一句軟話。

「黃老將軍這樣的都被打了，可見周瑜真的是把老將不放在眼裡了。」

「程公說情都被駁了面子，年輕人可真是囂張啊！」

整個水軍營寨議論紛紛，元老派與少壯派將領的不和終於捅破紙面，暴露無遺！一班老

第五章　紫髯將軍的決策

將整日裡聚在程普的營帳說周瑜的壞話，聽得程普耳朵都炸了，更別提有多麼鬧心。

程普的鬧心在於：雖然他對周瑜當都督不滿，可是目前的形勢之下，他程普比任何人都清楚，江東需要的是團結而不是分裂，大敵當前，私怨是次要的，公義才是主要的。程普不願意因為自己的私怨而破壞江東的大局。

「有必要找周公瑾談一談，江東不能這樣亂下去。」程普這麼想，便這麼做了。可是他趕到都督行轅，衛兵卻告訴他，都督不在！

「哪裡去了？」

「好像在湖邊釣魚。」

程普真的火了，內亂交困若此，他居然還有閒心去釣魚？

放馬到湖邊，清風徐來，但見湖水波茫、漁帆點影，如果不是大敵當前，這的確是一個釣魚的好時節。程普只見湖邊停泊著一條小帆船，立在舟頭上悠然垂釣者，非周瑜者誰？

「都督！」

程普大喊一聲，躍身下馬，隨即大步流星地奔向帆船，周瑜亦向他招手。

「釣諺云：冬釣鯽魚三大巧，竿長、線細、魚鉤小。程公你也來釣魚麼？」

然而就在程普躍上帆船的那一刻，周瑜卻從另一頭躍上岸去。程普大吃一驚，揮手欲喊，身後卻有一個熟悉的聲音說：「程公，莫喊！」

程普回頭，一個蓑衣人坐在船艙中向他微笑，卻是如假包換的水軍都督兼江東大帥哥周公瑾。

原來那個貌似周瑜的垂釣者，只是士兵而已。

這時船已離開湖岸，向湖心而去。滿心狐疑的程普看著周瑜，丈二摸不著頭緒，這是唱得哪齣戲？

「程公，曹操頗會用間，軍中現在有不少他的耳目，所以才請程公到這個所在！」

「可是你怎麼知道我會來找你？」

「我打了黃蓋，老將們一定不滿，軍中議論紛紛，你是三朝老臣，面對這種情形必然心中不安，必然會來找我商議。」周瑜脫下蓑衣，微笑而語，「雖然對我有些不滿，程公畢竟是程公，凡事以大局為重！」

被周瑜點破心思，程普有些狼狽。周瑜卻靠近過來，握住他的手：「程公，你我同為都督，這一戰，只有你我同心才能獲勝！」

話是不錯，程普唯有點頭。

「我周瑜年紀輕輕便擔任都督，老將們有些情緒，也在情理之中。可是我打了黃蓋，這事便鬧大了，可是鬧大也有鬧大的好處，傳到曹操的耳朵裡，我們便有了用計的機會！」

程普心中猛地一跳，原來周瑜並未把老將的不滿放在心上，相反他從中看到了取勝的戰機。僅此一點，此人便已經高出自己一大截。程普不禁慚愧萬分。

原來黃蓋與周瑜早有密議，這一場苦肉計，演繹得頗真切，居然連老練的程普也被騙過。到這時，程普才大悟：周瑜的意圖，是造成江東陣營元老派與少壯派決裂的假象，然後派遣將領詐降，發動突襲。

「這一計，還要程公繼續配合，假戲真唱，瞞過曹操，黃公覆的詐降，才會逼真。一旦曹操中計，便是你我破敵之時！」

程普更加慚愧了，同樣是老將，黃蓋吃了這麼大的苦頭，將來還要冒著被殺的風險詐降。可是你程普呢，說什麼德高望重，滿腹卻為自己的私慾打算！

汗顏！

36. 對酒當歌

對酒當歌，人生幾何？譬如朝露，去日苦多。
慨當以慷，憂思難忘。何以解憂，唯有杜康。
青青子衿，悠悠我心。但為君故，沉吟至今。
呦呦鹿鳴，食野之蘋。我有嘉賓，鼓瑟吹笙。
明明如月，何時可掇。憂從中來，不可斷絕。
越陌度阡，枉用相存。契闊談宴，心念舊恩。
月明星稀，烏鵲南飛。繞樹三匝，何枝可依？
山不厭高，海不厭深。周公吐哺，天下歸心。

唱歌的是曹操，時為建安十三年十一月十五，舳艫千里，旌旗蔽空；清風徐來、波瀾不興；月出於東山之上，徘徊於斗牛之間。曹操與從軍眾文武在旗艦上酒過三巡，意氣風發。身為一代梟雄兼文人的曹孟德「飲酒樂甚」，橫槊賦詩而歌。

曹操的心情很好，今年五十四歲的他，正處在人生與事業的巔峰，他這一生可謂波瀾起伏，二十歲舉孝廉，在洛陽做北部尉，處置了違禁夜行的宦官蹇碩之叔父，因此京師斂跡，無敢犯者」，然而曹操也因此得罪了宦官勢力，被明升暗降，打發到遠離中央的頓丘做縣令；繼而黃巾起義爆發，三十歲的曹操平生第一次戎裝上陣，大破黃巾，斬首數萬級，提拔做了濟南相。到職之後，大力整飭，一下奏免十分之八的長吏，「政教大行，一郡清平」。可是轉眼就被腐敗的官場所排斥。於是在三十歲左右託病回歸鄉里，春夏讀書、秋冬弋獵，過起了隱居生活。

三十四歲的曹操重出江湖，躋身西園八校尉之一，不久董卓進京，不願合作的曹操逃回陳留，「散家財，合義兵」，參加反董大聯盟。可惜參與聯盟的諸侯們各自心懷鬼胎，懼敵不進，曹操獨自引軍與董卓軍戰於汴水，全軍覆滅，險些喪命。

三十七歲的曹操在老朋友袁紹的支持下，在兗州取得了一小塊立足之地。此後，他收青州黃巾，挾天子以令諸侯，破陶謙、呂布、劉備，滅袁術，招降張繡，終於與雄踞河北的袁紹開戰，一場廝殺在昔日好友間展開，官渡一戰，他險勝袁氏，從此掃平河北、遠征烏桓，轉身南下荊州，劉琮不戰而降。

從三十歲出征黃巾算起，曹操的戎馬生涯已經長達二十四年，而他的對手：孫權接管江東才八年，至於另一個對手劉備，他的戎馬生涯兩個字便可以概括：失敗！四個字便是屢戰屢敗！這樣的對手，在曹操的眼中無異於螞蟻與蒼蠅組合，不堪一擊！

而在掃平江東之後，中原上倖存的割據勢力只剩下益州的劉璋和交州的士燮，曹操無需親自征伐，曹仁或是于禁這樣的將領便可以擺平。

換而言之，一統天下、重整河山已經是指日可待之事。曹操的情緒，自然高漲。

當時，小麻煩還是有的。十一月初，雙方在赤壁附近遭遇，在試探性的接觸戰中，曹軍敗績，只能退回北岸，於是雙方在赤壁形成南北對峙的局面。

對於這一場戰敗，曹操召開緊急軍事會議，討論原因並研究對策。有一名參謀提出：出戰敗績，只因江水蕩漾、船隻搖晃，將士多為北方人，自然頭暈眼花，戰鬥力難以發揮。曹操覺得這個原因找得不錯，但是有何對策呢？這位參謀又說：可以用鐵索將主力戰艦相連，然後鋪上木板，如此一來，平穩猶如陸地，暈船症狀便可大為好轉。

這個辦法雖然好，但曹操也看出了其中弱點，他問：若是敵人來襲，大船相連，行動不便，如何是好？參謀說：大船相連，小船依舊自由，可以組織若干小船，編成巡邏分隊，在船隊四周的江面上日夜巡邏，一有情況，立刻發出警告。

曹操大喜，欣然採納。這就是所謂「連環計」，提出此計的參謀並未留下姓名，演義上言之鑿鑿，說是「鳳雛」龐統，並沒有什麼依據。

實施連環之後的曹操水師很快得到驗證機會，十一月中旬，周瑜派甘寧突襲曹操連環船隊，被巡邏船隻及時發現，一時箭如雨下，甘寧大敗而去。

曹操大喜，所謂江東的水軍之長，不過如此！於是他唱起了這首〈短歌行〉。短歌是和長歌對應的，漢代的長歌宛若一種美聲唱法，如帕華洛帝般優美激昂。短歌則注重節奏，快如流行音樂，所以曹操的這首詩歌，是可以用 **R&B** 來唱的。

所謂「我手寫我心，我口唱我聲！」曹操此時的心情，正如這〈短歌行〉所唱：他已經五十三歲了，還有多少人生可以揮霍呢？歲月如白馬過隙，要及時建功立業，才不辜負此生！可是要建立大業，就要廣攬人才，《詩經》中的姑娘對她的情郎說：「你那青青的衣領啊，深深縈迴在我的心靈。雖然我不能去找你，你為什麼不主動給我音信？」我曹操對人才的思念，就好像這姑娘一樣啊！

曹操的歌聲，又似唱給對岸的周瑜、孔明等人：「你們不要像繞樹的烏鴉那樣猶豫不決，不知道何枝可依！我的心意如周公吐哺般誠摯，速來歸降，這才符合良禽擇木而棲的真理！」

在這赤壁寧靜的月夜，曹操的歌聲或許被江風吹到了彼岸孫劉水寨軍人的耳中，曹操大唱：「月明星稀，烏鵲南飛」後數日，居然真的有人給曹操帶來了一封降書，而降書的書寫者，竟然是孫氏老將黃蓋。

黃蓋字公覆，老家在荊州零陵郡，自從孫堅時代就為孫氏效力，與程普、韓當同為孫氏老將，在孫氏陣營中德高望重。這樣的老將拋棄老東家前來投奔，是否可信？曹操仔細看黃蓋的降書，他是這麼寫的：

蓋受孫氏厚恩，當為將帥，見遇不薄，然顧天下事有大勢，用江東六郡山越之人，以當中國百萬之眾，眾寡不敵，海內所共見也。東方將史，無有愚智，皆知其不可，唯周瑜、魯肅、偏懷淺戇，意未解耳。今日歸命，是其實計，瑜所督領，自易摧破。交鋒之日，蓋為全部，當因事變化，效命在近。

黃蓋說明他的投降動機，是因為他對這一場戰爭的判斷與周瑜不同，認為孫氏螳臂當車、必敗無疑，他不願意陪周瑜葬身長江，所以乾脆投降曹營。

曹操手中有不少情報，說明孫氏內部的確有矛盾。首先是以張昭為首的一批老臣主張投降，而以周瑜、魯肅為首的少壯派則力主抵抗，孫權最後站在了後者一邊；其次是孫權任命周瑜為左都督、程普為右都督，老資格的程普不買年輕後生周瑜的帳，兩人關係並不融洽。

種種跡象表明，孫氏內部的確存在少壯派與老臣派的裂縫，程普、黃蓋、張昭等老臣派一方面嫉妒少壯派的得勢，一方面又對孫氏的前途感到悲觀，因此作出決斷，棄暗投明，並非不可能。

曹操回憶起官渡大戰時，正是袁氏團隊內部河北派與河南派的權力鬥爭、傾軋導致沮授、田豐的被廢，許攸的出走，從而為他打敗袁氏打開了勝利之路。而在此次南下荊州一役中，也是得利於荊州內部派系鬥爭而一帆風順。

於是，曹操決心以黃蓋為突破口，擴大孫氏團隊內部派系的對立與分裂勢頭。他欣然接受了黃蓋的投降。黃蓋陳情說，由於戰場上形勢瞬息萬變，所以無法確定具體日期，他將相機行事。對於這一點，曹操也覺得合情合理，他高興地對送信人許諾，事後一定重重地封賞。

黃蓋的求降意味著外表固若金湯的孫劉陣營出現致命的裂痕，戰爭將隨之變得簡單。送信人走後，曹操興奮地一夜未眠。

37. 東南風起

長江南岸的山崖邊，一個身材矮小、相貌醜陋的男子舉起一面小旗，旗幟在西北風的勁吹之下招展向南，男子微微點頭，放下旗幟。

這男子便是人稱「鳳雛」的襄陽人龐統，數年之前，他離開襄陽故里，在江淮一帶遊歷，一個偶然的機會，得遇年長他四歲的周瑜。

「這個人不過比我大四歲罷了，可是已經成為擔當一面的大將！」龐統羨慕之餘，自稱是荊楚奇才，向周瑜毛遂自薦。周瑜驚訝於他的口氣，稍加試探，發現他果然能幹，這才任命他做自己的功曹。

「若果然是鳳雛之才，我必當向主公推薦！」周瑜如此許諾。

大戰在即，龐統卻被派遣到了江邊，究其原因，是因為他的一句話。

周瑜對於即將到來的大戰，部署下周密的安排，他的指揮部設在三江口，而他的水師，分成三個縱隊，最前沿的第一艦群由老將黃蓋、韓當負責；其後的第二艦群由勇將甘寧、周泰負責；中央艦群由周瑜、程普主持。還有一支預備隊，由呂範帶領，作為機動策援之用。

陸地上，呂蒙、凌統兵團部署在漢陽，友軍劉備兵團則在樊口，劉琦兵團在鄂縣（武昌）。這三支部隊如品字形排列，作為周瑜水師的陸上後盾。一旦水師戰敗，他們便要拚死阻擊登陸的曹軍，為柴桑大本營的孫權拖延時間以組織二次抵抗。

火攻的準備工作也基本妥當，數十艘滿載乾燥蘆葦和稻草、柴木的大小船隻，以及預備

第五章　紫髯將軍的決策

灌注到船艙裡的脂油都已經備齊。黃蓋親自挑選的戰士三百人，也正在日夜加緊特訓之中。

看似非常周密的安排，卻存在一個致命的漏洞。而發現這個漏洞的人正是龐統。

「你說我的計畫中有漏洞麼？」

「正是！」

「你真是膽大，不知是否心細！說來聽聽。」

「都督，是風！」

「什麼，你說是風？」

「所謂火攻，無非是利用風而已。而今正是隆冬季節，西北風勁吹，如果縱火，火會往哪邊吹呢？」

「哦，我明白了，你的意思是火會隨著風向，反而撲向縱火的本軍！」

「是。」

「龐功曹！」

「是。」

「能看出這個漏洞，你也算是聰明人了！」

「在下早就告訴將軍，龐士元乃是荊楚奇士，人稱鳳雛！」

周瑜看著龐統，忽然大笑，這一陣突如其來的大笑讓龐統簡直莫名其妙。

「士元，你還真是厚臉皮。不過我可以告訴你，所謂風的漏洞早已經被我彌補！」

「怎麼可能，都督莫非能呼風喚雨？」

「也罷，距離開戰還有三天，你就去江邊幫我望風吧！」

「望風麼？」

「對，昨夜我夢見鄱陽湖龍王對我說，如果派一個聰明人去江邊望風，上天就會為我送來猛烈的東南風。」周瑜大笑。

於是，倒楣的龐統被士兵送到了江邊的山崖上，守望著江風。

見鬼，這寒冷的冬天，哪裡會有什麼東南風！

龐統展開隨身攜帶的地圖，赤壁的對岸是烏林，再往西去便是華容道，這一帶如今都是曹占區。至於赤壁的背後，則是孫劉聯軍所控制的江夏、豫章地方，廣袤的洞庭湖在赤壁的西南方，而鄱陽湖在東南。

無論如何，這樣的寒冬季節不會有東南風。

已經兩天過去了，明日便是黃蓋與曹操約定的投降日期。龐統還沒有看到一縷東南風。其實在烏林的曹軍這邊，也有人提醒曹操，船隻首尾相連，行動不便，小心周瑜火攻。曹操大笑，我在西北他們在東南，縱火也得看風勢，想燒我的船，必須得是東南風。這冬季的天空，怎麼可能刮東風？

曹操的話符合常理。這時已是十一月底，因為黃蓋的請降，曹操在長江北岸的烏林按兵不動，而周瑜的水師在南岸也悄無聲息。時為冬季，凌厲的西北風呼嘯吹過，曹操先後收到留守鄴城的荀攸和許縣的荀彧來信，都說北方已經下雪，天寒地凍，黃河的多處河面已經結冰。

要說天氣有什麼異樣，那確實是有的。這幾天，烏林、赤壁一帶出現了回暖的氣象，尤其是白天，晴空萬里無雲、江面平靜無波，氣溫一點點回暖，感覺不是在入冬，倒是彷彿回春。

龐統暗想：這難道是預示江東即將生靈塗炭的怪異天象？

十一月二十二日酉時日落時分（17時至19時，正是現代人的晚餐時間），江面微風乍起，龐統搖曳手中的小旗，依舊是北風。

黃蓋帶領三百名勇士來到江邊，他們的面前是十艘蒙衝鬥艦，帷幕遮蓋之下，是燥荻、枯柴和灌油，艦首插著一面青龍小旗，艦尾則繫著一條小船，這是火船點燃之後的逃生艇。

十艘蒙衝鬥艦之外，是江東水師的主力艦隊，他們將跟隨在火船之後，實施對曹操水寨的突擊。韓當立在船頭，向黃蓋揮手致意。

「這一戰，或許會死吧！」

黃蓋這樣想，雖然已經抱定了必死的信念，可是在這一剎那，誰能不留戀世間？

跳上戰船，黃蓋向北岸烏林而去。

這時，龐統看著手中的小旗，還是北風。

大約在戌時黃昏時分（19時到21時之間），這時江面已經漸漸為夜色所籠罩，萬物朦朧，龐統的視線也漸漸昏暗，不知不覺間，手中的旗幟在猛烈地搖曳。

「是東南風！」

龐統大吃一驚，同樣大吃一驚的還有江北的曹操。他在自己的水寨中忽然接到巡邏船隊的急報，說是黃蓋率船隊前來，似乎是如約倒戈。曹操心情激動，立刻登上船樓眺望，只見東南江面上數十艘快船插著青龍旗幟，快速接近本方水寨。果然是黃蓋船隊，遙遙可聽見船頭士兵的喊聲：「我們是來投降的！」。

與此同時，一直警惕性頗高的程昱提醒曹操，江面已經吹起了強勁的東南風，而且黃蓋的船隻吃水頗淺，似載有可疑之物，不宜讓他靠近本方水寨。曹操一聽，臉色亦是大變，他搞不懂，為什麼會在這個時候、這個地點吹起罕見的東南風？難道真的是天意弄人！

這時黃蓋已經點燃了蒙衝鬥艦，當他扔出最後一支火炬，他縱身躍到艦尾所繫的小船上，砍斷繩索。目送火船在強勁的東南風中猛衝向曹軍水寨，黃蓋大聲呼喊：

「燒啊！」

若干年後，晉人虞溥在《江表傳》中寫到：

時東南風急，因以十艦最著前，中江舉帆，蓋舉火白諸校，使眾兵齊聲大叫曰：「降焉！」操軍人皆出營立觀。去北軍二里餘，同時發火，火烈風猛，往船如箭，飛埃絕爛，燒盡北船，延及岸邊營柴。

正如此言，曹操的龐大艦隊此刻已經陷入一片火海。城門失火殃及池魚，岸上的陸軍營寨也很快著火，背後亦傳來敵人的喊殺聲，顯然這不是意外，而是孫氏的精心策劃，曹操的烏林大營登時崩潰。

曹孟德奮鬥數十年的統一大計，也隨著這一片大火，俱成灰燼！

此刻，曹軍將士們紛紛搭弓射箭，可是火勢撩人，不少士兵放下手中的兵器跳水，有些人一邊跳一邊在喊：

「天哪，我不會游水！」

這是一場亂戰，火苗到處蔓延、箭在亂飛，黃蓋一不留神，一支流矢射中了他的肩頭，翻身落水。

「我黃蓋不能這樣死去！」

老黃蓋強忍痛楚，在冰冷的江水中揮舞雙臂，有人救起他，卻不認識他，把他扔在船的一側。半昏迷狀態的黃蓋迷離中彷彿看見了韓當：

「義公！」（韓當字義公）

用盡力氣喊了這一聲，黃蓋便無意識了。

始撰於孫權末年的《吳書》記載這一段說：

> 赤壁之役，蓋為流矢所中，時寒墮水，為吳軍人所得，不知其蓋也，置廁床中。蓋自強以一聲呼韓當，當聞之，曰：「此公覆聲也。」向之垂涕，解易其衣，遂以得生。

江北火光沖天，江南岸上的龐統目瞪口呆，原來真的有東南風存在。

然而這東南風究竟從何而來？若干年後，曹操依然耿耿於懷，認為周公瑾這小子不過是一時走了狗屎運，這才僥倖成功！數百年後的唐代，對歷史一知半解的杜牧更寫下「東風不與周郎便，銅雀春深鎖二喬」這樣的詩句，可謂為曹操喊出了內心的不屑！待得歷經千年，歷史的面目愈加模糊不清，勾欄瓦舍裡便附會出了這樣的演義：

> 孔明於十一月二十日甲子吉辰，沐浴齋戒，身披道衣，跣足散髮，來到壇前……孔明緩步登壇，觀瞻方位已定，焚香於爐，注水於盂，仰天暗祝。……將近三更時分，忽聽風聲響，旗旛轉動。瑜出帳看時，旗腳竟飄西北。霎時間東南風大起，……後人有詩曰：「七星壇上臥龍登，一夜東風江水騰。不是孔明施妙計，周郎安得逞才能？」
>
> ——羅貫中《三國演義》

相信諸葛亮重生，一定會聳聳肩說：「與我何干？」

不關人事，實質上還是天象。赤壁位於亞洲大陸東南，屬於亞熱帶季風氣候。冬季寒冷乾燥，盛行來自內陸西北草原戈壁的西北風，所以按照常識，冬季的赤壁是應該吹西北風的。

然而氣象上又有所謂「湖陸風」。由於夜間陸面溫度低於湖面，風從陸吹向湖；白天陸面溫度高於湖面，風向從湖吹向陸，形成以一天為週期的湖陸風。（最早提出這個觀點的，是張靖龍、周汝英兩位先生。他們從烏林一帶的地形地貌和氣候變化著手，詳盡地分析了「湖陸風」的形成原因，認為「湖陸風」是由水域和陸地之間的溫度與氣壓差異而造成的。）

面對對岸的曹操水軍，數量上居於劣勢的江東水師唯有出奇制勝。赤壁的東南方正是鄱陽湖，周瑜此前正是在此地訓練水軍，對當地的「湖陸風」頗有心得。「周郎火燒赤壁」最關鍵之東南風，由此而來。

所謂僥倖之中必有合理之處，周瑜的勝利，看似蹊蹺，其實卻是精心周密的策劃。世上大多奇人異事，莫不如此。熟悉這一帶水陸地形的周瑜當然知曉這一特殊氣象的存在，因此算好日期，預先做好準備，一旦東南風起，便是火攻之時。

然而，東南風會不會不來？這實質上還是冒險，周瑜運氣不錯，他冒險成功了！

曹操杯具了！

38. 失策之火

然而整個戰事並非一把火那麼簡單，黃蓋的火攻只是整場大戰的序幕而已。在江面的冉冉火焰照耀之下，悄然登陸的吳軍突擊部隊發起了對曹軍陸營的攻擊，同樣是用火，不知有多少人，也不知自那個方向而來，總之令驚慌失措的曹軍陷入了腹背受敵的恐慌之中。

張遼和徐晃是曹軍陸營的主要將領之一，他們是名揚北國的猛將，如今卻在突如其來的夜襲火攻中深感英雄無用武之地。近處到處是火，遠處則是茫茫無邊的黑夜。

「可惡，敵將究竟在何處，出來廝殺！」徐晃憤怒地咆哮，可是敵人並不會因此現身，蔓延而至的火勢似乎是對他的嘲笑與回答。

這是一次詭異的大戰，無論從人數和軍器裝備上都遠勝於對手的曹軍在這一夜崩潰了。

負責登陸突擊的江東將領是呂蒙和凌統，他們所帶的軍隊人數其實不多，但是因為巧妙地採取了靈活的閃擊戰術，以十人為一組，隨機突襲曹營一處，並不戀戰，殺死外圍哨兵、投擲火把後便轉移至另一處殺人、放火。因此造成了曹營處處開花的結果，令張遼等大將顧此失彼。

想當年曹操曾在烏巢一把火燒了袁紹的糧倉，一舉扭轉了官渡戰局，八年之後在這裡情景似乎再現了，可惜這一會受傷的是曹操。

「真是壯觀的大火啊！」

實際上，烏林的這一把火只是周瑜火燒曹軍的前戲，在周瑜的計畫之中，另一把火才是對曹操的終結之火。

「曹軍船隊遭遇火攻之後，必然捨棄船隻退守陸地，所以真正的決戰還是在陸上。可是我軍兵力有限……」

「把陸上之戰交付給劉玄德如何？」魯肅及時地提出了建議，很顯然在江東陣營中，他是對劉備的實力評估最高之人，難怪私底下已經有人譏諷他為親劉派。

「子敬莫不是在當陽收了劉備那廝的紅包？」

「劉備是個收買人心的好手，當年在徐州他收買了陶謙的部下，前年在荊州也想收買劉表，我們可得防著他點！」

對於這些流言蜚語，魯肅不屑一顧，他自認為光明磊落，即便稍稍偏向劉備，也是出於大局，為江東的未來而著想。

其實不用魯肅提醒，周瑜也想到了劉備這支機動部隊，可是一直以來周瑜很是抗拒：

「如果可以不用劉備的人馬，就盡量不要用他……一旦用了他的一兵一卒，今後便會很是麻煩！」

周瑜甚至可以想像出戰後的劉備會對他和魯肅說些什麼：「雖然我的力量微弱，可是畢竟也是參加了這一場大戰，如果沒有我軍參戰，勝負難料呢！所以，戰後的分配要多給我些土地才是。」

以劉備的個性，必然會如小強一樣頑強地與魯肅、周瑜甚至是孫權胡攪蠻纏、死纏爛打，此後無論分配給劉備多少土地，孫劉兩方都會糾葛不清。

可是周瑜苦就苦在手下可以調撥的兵力實在太少，就算周瑜挖空心思，也只能調出呂蒙和凌統這兩員將，數千人馬。

「就這點兵的話，充其量只能給曹操撓癢癢而已！」

「可惡，只能找劉備了……」周瑜把這件事甩給了魯肅，並再三叮囑這一把火的重要性，「曹操擔心北方出亂子，一定會急著回許都。然而曹軍的輜重糧草都在江陵，所以他會先去江陵。」

周瑜用手中的扇柄在地圖上點出了江陵的位置，然後蒼勁有力地在江陵和烏林之間劃了一條直線。

曹操歸心似箭，他的部隊必然加倍急行，然而在這條直線上卻有一個點令曹操不得不放緩速度，那就是華容道。

所謂華容道本無道，在華容縣和烏林之間其實是一大片無人煙的沼澤地，唯有小徑通行。如果劉備能及時趕到華容道放一把火，曹軍的士氣將陷於崩潰。

如果把火燒赤壁比作是一記漂亮的直拳，那麼華容之火就是致命的右勾拳。然而令周瑜倍感遺憾的是，這一記致命的右勾拳只能由劉備來實施了。這實在令周瑜很不爽，然而又是無可奈何。

這時，曹操已經沿著長江從烏林退卻到了巴丘（洞庭湖），雖然在烏林被燒得很慘，可是曹氏水軍的規模依然不可小視，只是人心離散、士氣低迷，已經不堪再戰。

「小周郎只是水戰厲害罷了，如果換成陸上廝殺，根本不是我軍的對手！」

其實曹操也不想再在船上待下去了，在水上的每一分鐘都令他有心驚肉跳之感，更糟糕的是瘟疫迅速在這支敗軍中傳播開來，這真是禍不單行啊！

「回許都吧！」

「可是這些戰船怎麼辦？」

「全都燒了，不要給周瑜留下一條小舢板！」不忍再看赤炎大火，曹操急沖沖地走了。當初被認為可以掃蕩江東的龐大艦隊在自己手中付之一炬，實在是讓曹軍將領們感傷不已。

一些染上疫病的曹軍士兵也被拋進了熊熊火焰，這種殘忍的行為據說可以取悅神靈，令瘟疫中止。無論如何，此時的曹操已經不再是往日在官渡奇襲袁紹的那位奇雄。

「從此道可至華容也。」

曹操的眼前是一片沼澤地，淤泥中似乎有彎曲迂迴的小徑，然而更多的是滿眼的野花與碧草，花草之下是足以吞噬一切的泥潭。焦急的前鋒部隊莽撞地闖入泥沼，立刻馬足深陷，再也前進不得。

「諸位，下馬步行吧！」

「倘若步行，一定會被追兵趕上，那就不妙了！」

曹操不覺暴躁起來，他奮力將手中的馬鞭擲出，馬鞭在空中劃了一個漂亮的弧線，落在水邊的蘆葦叢中。

躍身下馬的曹操，看著蘆葦蕩默默發呆。

「原來如此，我等得救了！」曹操忽然大笑。

當初在烏林，江上風浪不息，來自北方的曹軍將士不慣乘舟，受不了顛播之苦，於是將船隻首尾用鐵環連鎖，上鋪木板，於是安穩若平地。如今這無邊的沼澤地無非又一個江河，此處雖然沒有木板，可是卻有取之不盡用之不竭的蘆葦，只要將蘆葦砍下鋪在泥沼地上，曹軍便可以安然通過。

「諸位，動手砍伐蘆葦，這可是我等的生機！」

但凡還有些力氣的，這時都拔出了刀劍揮向蘆葦蕩，不多時，一條蘆葦鋪就的道路在曹操眼前向泥沼中伸展。

「快些啟程吧！」

前方的人在鋪蘆葦，後面的人已經迫不及待地一擁而上，倒楣的自然是老弱病殘之輩，他們很快被推擠到蘆葦道路之外的泥沼之中。

「救命啊，兄弟！」

甚至有人被踐踏在了足下，那些昔日的同袍已經完全顧不上所謂同澤情義，正史記載說：

贏兵為人踏藉，陷泥中，死者甚眾。

正當曹軍通過一個狹窄的地帶之時，後軍又發出了追兵將至的旗號，一時隊伍更加大亂，爭先求生的士兵擁堵在狹地，寸步難行。

「如此一來唯有用武了！」

曹操的身邊是強悍而冷血的虎豹騎，他們目前唯有一個任務，那就是保證曹操安全通過這片沼澤地。

難以置信然而卻在歷史上反覆重現的事件發生了，曹軍開始殺害自己的士兵。虎豹騎揮舞著大刀衝向堵塞在前方的散兵。

鮮血飛濺，血腥的味道在風中飄揚，又引來了附近的狼群，牠們襲擊傷兵和離群者，簡直是把朝廷的南征大軍當成了牠們的盛宴。

「老子跟你們拚了！」

前方是堵塞的人群與濫殺同袍的虎豹騎，後方是孫劉的追兵，左右又是狼群，終於有人的情緒崩潰了，他們揮舞手中兵器衝入沼澤，隨著一聲哀嚎，他們或是陷入了無邊的泥沼，或是落入了狼群的圍攻。

曹操無視眼前的悲劇，他更擔心的是追兵會不會縱火。大風加上無邊的蘆葦，如果再來一把火，這支大軍可就真的完了。

「後方的追兵是周瑜麼？」

「不，是劉備的人馬。」

「原來是這位老弟！」這時曹操已經望見了泥沼的盡頭，前方的大道直通襄陽，曹軍得救了。曹操撥馬回望，遠處飄來煙塵，劉備果然在華容道那頭縱火了，可惜他晚了一步。

「劉備的智商也不差啊，他和我其實是同一類人，只不過他這個人比較遲鈍，總是比我慢一拍，如果他早一些放火，我軍就完了！」

青色的天空下，曹操發出淒厲的笑聲，這大概是他一生之中最為狼狽的時刻。曹孟德為之奮鬥一生的帝國之夢，在這片泥濘的土地徹底地碾碎了。

《三國演義》在此時演繹了一段頗為戲劇化的情節：

一聲炮響，兩邊五百校刀手擺開，為首大將關雲長，提青龍刀，跨赤兔馬，截住去路。操軍見了，亡魂喪膽，面面相覷。操曰：「既到此處，只得決一死戰！」眾將曰：「人縱然不怯，馬力已乏，安能復戰？」程昱曰：「某素知雲長傲上而不忍下，欺強而不凌弱；恩怨分明，信義素著。丞相舊日有恩於彼，今只親自告之，可脫此難。」操從其說，即縱馬向前，欠身謂雲長曰：「將軍別來無恙！」雲長亦欠身答曰：「關某奉軍師將令，等候丞相多時。」操曰：「曹操兵敗勢危，到此無路，望將軍以昔日之情為重。」雲長曰：「昔日關某雖蒙丞相厚恩，然已斬顏良，誅文醜，解白馬之圍，以奉報矣。今日之事，豈敢以私廢公？」操曰：「五關斬將之時，還能記否？大丈夫以信義為重。將軍深明《春秋》，豈不知庾公之斯追子濯孺子之事乎？」雲長是個義重如山之人，想起當日曹操許多恩義，與後來五關斬將之事，如何不動心？又見曹軍惶惶，皆欲垂淚，一發心中不忍。於是把馬頭勒回，謂眾軍曰：「四散擺開。」這個分明是放曹操的意思。操見雲長回馬，便和眾將一齊衝將過去。雲長轉身時，曹操已與眾將過去了。雲長大喝一聲，眾軍皆下馬，哭拜於地。雲長愈加不忍。正猶豫間，張遼縱馬而至。雲長見了，又動故舊之情，長嘆一聲，並皆放去。後人有詩曰：「曹瞞兵敗走華容，正與關公狹路逢。只為當初恩義重，放開金鎖走蛟龍。」

——《三國演義第50回　諸葛亮智算華容　關雲長義釋曹操》

其實在華容道追趕曹操的是劉備，如果說有人存心放走，那麼這個人也不是關羽，而是劉備。

在周瑜的計畫中，赤壁的那一把火是燒曹操的水軍，而華容的這一把火是燒曹操的陸軍。可是劉備卻慢了半拍、姍姍來遲，直到曹操大軍主力通過華容之後才開始放火。

「哎呀，天意弄人，俺來晚了！」

劉備遲到不是因為塞車，也不是因為思慮不周，他是故意的。

劉備當然不是對曹操念舊情，而是情勢使然。所謂困獸猶鬥，倘若劉備先到一步，火燒華容、堵截曹軍，垂死掙扎的曹軍一定會全力與劉備軍肉搏，即便最後是劉備軍取得勝利，必然也會損失慘重。

劉備眼下只有區區一萬多人馬，劉備還指望著用這點兵力在戰後與周瑜搶奪勝利果實呢？如果因為狙擊曹操而傷亡過半，那可真是得不償失。以劉備的精打細算，又怎能不明白這個道理。

在劉備與諸葛亮看來，華容道這把火燒與不燒，曹操都會返回北方，今後劉備的擴展方向都是向南而不是向北，既然如此，還是保存實力為妙。

所以最終的結果是：劉備出工不出力，在華容道放了一把虛火，然後便急沖沖地轉頭向南方前進。

荊州，俺老劉來了！

第六章 孫尚香的婚約

劉玄德這個老滑頭，說起來我就一肚子氣！

當初魯肅在長坂坡見到此人時，他正被曹操追殺，老婆孩子都陷在了敵陣，手下的兵將也都潰散無門志，跟一群叫化子差不多。可是到了這個份上，還不是不肯說實話。明明是走投無路，卻說什麼要去蒼梧找吳巨，吳巨不把你的人頭割下來送給曹操才怪！

這就罷了，周郎火燒赤壁的時候，你又跑去了哪裡？東南風未起之時，聽說你把大部隊都隱匿起來，做好了萬一不行就溜之大吉的準備，待看到火光沖天，醒悟到曹操已經敗了，這才帶著你的關雲長等一夥人一路追殺。

呵呵，這時候你倒是威風了，一口氣從赤壁追到華容道，又從華容道追到南郡，可是看到南郡有曹仁、徐晃的重兵，你又耍詐了，周公瑾這邊與曹仁殺得你死我活，你卻調頭南下，輕輕鬆鬆取了荊南四郡。

大概這就是所謂英雄風範，我算是服了你了。也好，給你一塊地盤，咱聯合起來對付曹操。把我家那老姑娘嫁給你，她一直說要嫁個英雄，你雖然老點，好歹也算個亂世英雄，加上又有一點皇家血統（以你的滑頭，我倒是有點懷疑這所謂的皇家血統到底是真是假？），所以我家妹子也算是答應了。

說起我這尚香妹子，雖然是女流之輩，可是個性酷似我的老爹和大哥，劉玄德你可得好好待她，不然惹毛了她，咱也勸不住。撇開哥哥這個角色，純以男人的身分說一句：老夫少妻不是那麼好過的，老劉你也不易啊！

——孫仲謀的獨白

39. 誰能娶妹？

魯肅回來了，腳步輕快，心懷雀躍。孫權帶著一大群臣屬出迎，魯肅大模大樣地坦然接受，尤其是面對那些曾經主張投降的傢伙們。

只可惜張昭不在人群中，他告病請假了。然而無論如何，他都已經不再可能壓制魯肅的前程。魯肅的心中，彷彿搬去了一座大山一般輕鬆。

孫權翻身下馬，握著魯肅的手相攜著進入議事廳。

「子敬，孤持鞍下馬相迎，足以顯卿未？」當魯肅行臣屬之拜事，孫權親手扶起了魯肅，微笑著說。

出乎群臣所料，魯肅的回答是：「未也。」

雖然是得勝凱旋而歸，可是也不應該如此囂張。眾人一時愕然。然而魯肅卻處之泰然，緩緩舉起馬鞭：「願主公威德加於四海，總括九州，克成帝業，到時以安車蒲輪徵召魯肅覲見，這才是魯肅最大的榮耀！」

魯肅的意思，是今日之勝，不過是一場小小的遭遇戰。待到將來孫權統一天下，登基稱帝，才是真正的慶功之時、光宗耀祖之日。

憑誰都聽得出，這是在拍馬屁。老實說，這馬屁拍得很到位，此刻孫權的心，大概正在如花兒般怒放的吧。

然而，魯肅不僅僅是為了報喜訊與拍馬屁而回歸的。

赤壁之戰結束後，曹操雖然回去，可是曹仁、徐晃還占據著江陵，周瑜要拿下江陵，才算是完全的勝利。所以從建安十三年的冬天一直到建安十四年的秋節，周瑜所率領的江東軍主力一直在南郡和曹仁苦戰。

為了配合周瑜的軍事行動，孫權在東線開戰。但是他的手下實在也沒有什麼得力的戰將，只好親自出馬，至於擔任前鋒的大將，居然是老夫子張昭，這一次出兵的結果也就可想而知了。

劉備呢？他倒是春風得意馬蹄疾，乘著孫權、周瑜兩線出擊曹軍的機會，他南下了。

羅貫中在《三國演義》中虛構了關羽大戰長沙的情節，說得很是熱鬧，然而史冊之上卻告訴我們：荊南四郡幾乎沒有什麼像樣的抵抗，武陵太守金旋、長沙太守韓玄、桂陽太守趙範、零陵太守劉度都是望風而降。

劉備之所以能輕鬆拿下荊南四郡，首先應該感謝周瑜，因為正是周瑜在江陵戰場拖住了曹軍主力，劉備才得以從容不迫地南下攻略四郡。劉備其次要感謝的人是劉琦，由於劉備推舉劉琦為荊州刺史，打出劉表長子的旗號，給荊州人造成了「劉備厚道仗義、為劉表之子撐腰收復故土」的美好印象。金旋、韓玄、趙範、劉度這些人都是劉表的舊部，劉琦這張牌，太有用了。

但是劉備很對不起周瑜，他本該配合周瑜攻打江陵，但是為了搶地盤，他溜號了。劉備更對不起劉琦，一年之後，劉琦莫名其妙地死了，據說是病故，享年不足三十歲。此時劉琦的弟弟劉琮，正在許縣朝廷做官，他歷任青州刺史、諫議大夫，得以善終。劉表的這兩個兒子，才能資質都一般，不過在識人方面，特別是對劉備這個人，看來還是劉琮更看得透澈些。劉琦太輕信、依賴劉備，終於付出了慘重的代價。

劉琦的生與死都恰到好處，劉備現在堂而皇之的成了荊州的主人，論功行賞，出使江東的諸葛亮功勞第一，提拔為軍師中郎將；長坂坡上救主有功的趙雲也晉升為桂陽太守。劉備團隊的其他成員如關羽晉升為蕩寇將軍，張飛晉升為征虜將軍。

這個結果太傷周郎了。合著江東將士辛辛苦苦、累死累活，又是放火燒船又是衝鋒陷陣，最後只得了一個郡（南郡，首府在江陵），劉備這個滑頭卻輕而易舉地得了四個郡！

雖然為了獎勵南郡攻堅戰的勝利，孫權提拔周瑜兼任南郡太守，程普兼任江夏太守，呂蒙也當上了尋陽縣令。周瑜升了官，卻怎麼也高興不起來。

周瑜太鬱悶了，打江陵的時候，他還負了傷，這會只好躺在營房裡，慢慢地等待痊癒。而劉備呢，把大本營遷徙到了長江南岸的油口，與周瑜正好隔江相望。

「油口油口，正好配你這個油滑之輩！」

劉備本來在江夏還有少許土地，根據雙方的協議，戰後江夏完全歸入孫權治下，而周瑜把油口這塊土地交給劉備作為補償。

「油口太難聽了，改叫公安吧！」

據說「公安」便是「劉公在此安營紮寨」之意。

魯肅此次回來，最主要的使命與孫權商議如何對待劉備，這也是周公瑾的意思。當初赤壁之戰，為了共拒曹操，與劉備結成同盟，可是倉促之間居然遺漏了最大的問題，那就是戰後如何分配戰利品。

或許是當時根本就沒想到會這麼快打退曹軍吧！

「主公，公瑾讓我和您談談劉備夫人的事。」喝著杯中酒，魯肅忽然扯起了劉備的老婆這個話題。

「劉備的夫人怎麼了？」孫權的心情不錯，誠然在軍國大事之外，和臣子談談江湖八卦也不錯。

「劉備有兩位夫人，都是徐州人氏，甘夫人、糜夫人，糜夫人在長坂坡被曹兵害了。」魯肅還記得那日在長坂與劉備相見之時，劉玄德的臉色很不好看，眼角貌似還有淚花。可憐

第六章　孫尚香的婚約

啊，妻子臨死之前的最後一面，身為丈夫居然都沒能見到。

「唔唔唔，那麼還有一位甘夫人。」對於這個話題，孫權似乎並不在意。

「這一年來，甘夫人的身體也不甚佳……」魯肅說著，不覺想起劉備哭喪的臉和帶著泣聲的話語，「我來京口之前，她在公安病死了。」

「哦，劉備成了鰥夫麼！」孫權不懷好意地大笑，笑完才發覺自己大概是喝多了，劉備死了老婆與自己有甚相干，值得他如此大笑？

魯肅似乎是醉了，斜著眼珠子瞥孫權身後侍立的漂亮侍女，「俗話說得好：一輩子的光棍好打，半輩子的光棍難熬啊！周公瑾說，這正是個拿下劉備的好時機……」

「啊……」

「主公不是有個妹子麼？」

魯肅說的是孫尚香，老姑娘的名聲居然傳到了府外，連老實的魯子敬都知道了。孫權的酒完全醒了，魯肅、周瑜這是在打他妹子的主意。

把二十四的妹子嫁給四十九的劉玄德，虧他們想得出！

孫權的第一個念頭是要狠狠地責罵魯肅一番，可是話到嘴邊他又吞回去了，這主意不錯啊！

假如劉備成了自己的妹夫，原本倉促建立起來的孫劉聯盟便有了婚姻這層親緣的關係，為冷冰冰而蒼白的軍事同盟增添溫暖的感情色彩。更妙的是：以往他是劉豫州，而我是孫討虜，地位難分上下。假如劉備娶了尚香妹子，資歷、年齡遠長於自己的劉備便不得不以妹夫的身分相見，自己便是他的大舅哥，尊卑之分不就清楚了麼。

沉吟數日之後，孫權決定對孫尚香攤牌。

「尚香，有一位與兄長一般偉大的英雄人物……做妳的夫婿，妳是否願意？」

雖然已經打開話題，孫權還是覺得很難開口。他在心中自語：為了江東，他必須這麼做。可是仔細一想，難道真的是為了江東，實際上不過是為了孫權的政治私利罷了。為了他的私心，便要妹子犧牲自己的青春，你這個做哥哥的，是不是太殘忍？

「既然是偉大的英雄人物，兄長為何支支吾吾？」一般的女子聽到關於自己婚嫁的話題，大概會害羞吧！可是孫尚香卻毫無吃驚的神色，似乎她早已經預見到這一天的到來。

豪族的女子，哪裡能逃避政治聯姻的命運？

「因為這位英雄的歲數稍稍大了一點……」

「比兄長的年紀還要大麼？」

「比大哥的歲數還要大一些。」

「難不成會是比父親還要大的老頭子麼？」

「不會……他只是已經過了不惑之年，即將知天命而已。」

所謂不惑就是四十，知天命則為五十。出自孔夫子之語：「吾十有五而志於學，三十而立，四十不惑，五十而知天命……」，孫權的意思，此人的年紀在四十至五十之間。

「是玄德公吧！」

孫尚香平靜地一語道破，孫權很狼狽地掩飾著自己的失態。

「兄長已經決定將荊州借給玄德公，可是又擔心玄德公會另有私心，唯一可以抓住玄德公的人選，大概便是尚香吧！」

孫尚香繼續說下去，孫權幾乎要抬不起頭來：可悲啊，孫仲謀的霸業居然要藉助妹妹的婚姻，更被聰明的妹妹完全識破。

「亂世之中，即便是女子也難以遠離戰場。為了孫家的生存，父親和大哥都已經犧牲，身為二哥的我也面對曹孟德的征伐，如今輪到尚香妳上場，對於女子而言，這便是妳的戰場。」

孫權說得如此正義凜然，心中卻在嘆息：劉備多次娶妻，但是他的妻子都不得善終，所以有剋妻之名。妹子嫁給他，名副其實，這是一場女子的生死之戰。

孫尚香仰起臉看著兄長，心懷愧意的孫權故意看遠處以迴避她咄咄逼人的眼神。

其實從前孫權的母親吳國太也曾提起這個話題，所謂女子的戰爭，就是戰勝女性的怯弱，成為夫妻間的強者。孫權的父母本身就是這樣的例子，堅強火爆的戰神孫堅對上司、敵人都從不低頭，唯獨對他美麗柔弱的妻子極為順從。

嫁給比自己年長二十多歲的劉備，抓住他的心，成為荊州的女主人，孫尚香的戰爭在後庭。這不是孫尚香自己的選擇，然而當年登上江東之主的孫權又豈是自己的選擇。

一切俱為天意！如此一想，稍微減輕了孫權內心的罪惡感。

40. 歐吉桑的心思

聽說孫權有意將妹子嫁給他，劉備真不知是該喜該憂。

純以一個男人的角度而言，劉備應該歡喜才是。四十九的歐吉桑，居然有二十四歲的女孩子嫁給他。聽說孫氏家族素有美貌的血統，從孫堅及其夫人吳氏以下，無論男女，都擁有出色的容顏。所以孫策素有美男子之名，雖然未曾目睹孫尚香的花容，然而可以想見她的美麗。

然而以政治的立場而言，劉備卻對這場政治聯姻難以樂觀。誠然在這場烏林之役中，他與孫氏結成了同盟。可是他在心裡明白得很，這是一個不對稱不平等的同盟，大戰之前，孫權據有江東、兵多將廣；而劉備剛吃了一場大敗仗，猶如喪家之犬在長坂坡上鼠竄。雖然跟魯肅說要去蒼梧投奔吳巨，可那不過是託辭罷了，真相是他已無家可歸。在此時得到孫權的接納，無異於絕處逢生。

然而當時的劉備還不能確定前程，周瑜能否擊退曹操，直到看到江面的火焰之前，劉備的心一直是沒底的。整場戰役，劉備出了多少力，自己的心裡最清楚。

政治是最現實的，劉備雖然自認皇室血脈，可是強弱擺在那裡，孫權的勢力比他強、地盤比他大、人馬比他多，在這個同盟中，孫權是老大、劉備是小弟，這是和尚頭上的蝨子——明擺著！

劉備若是服輸，甘願低頭做孫權的小夥伴，這場婚姻無疑是可喜的，因為這將鞏固兩家的關係。可是劉備不是那樣的人，自從涿郡起兵以來，雖然兵微將寡，他又何曾真心服從過誰？

公孫瓚、陶謙、曹操、袁紹、劉表……這些人都曾經接納過劉備，可是劉備只是將他們當做自己的宿主罷了。

所謂宿主，是能給寄居者提供養息場所的主人而已，並不是真正意義上的主人。如果宿主衰弱或者死亡，寄居者甚至可以取而代之，譬如劉備與陶謙；如果宿主強大，寄居者便會在適當的時間脫離以保持獨立性，譬如劉備與曹操。

雖然從忠義道而論，把好心收留自己的主人當做宿主有些可恥，但是如劉備這般的弱小勢力在亂世中要生存、要發展，談何容易，尋找宿主，未嘗不是一種生存之道。

孫權是劉備的又一個宿主罷了。可是一旦接受孫尚香作為自己的妻子，劉備便成了孫權的眼下之物。與其說主動送上門來的孫尚香是妻子，倒不如說她是孫權安插在自己身邊的間諜而已。

新婚之夜，當劉備掀開蓋頭，親眼目睹新娘子驚人的美貌之時，他的心顫抖：

「真是美豔的間諜！」

劉備的心不單單是因為孫尚香的美貌而顫抖，更主要的原因是那些佩劍懸刀、立於兩旁的侍婢，這些侍婢都是孫尚香從江東帶來的陪嫁丫頭。說是丫鬟，倒不如說是女兵，聽說這位孫家小妹在江東儼然女將，整日裡帶著這幫女兵操練軍列、兵器，進退如兵法。

說不定哪天一不小氣，惹怒了這位娘子，柳眉倒豎、杏眼圓睜，關起門來，將劉備軍法從事，這時節，任你劉備喊破天也沒有用。關羽、張飛再勇猛，諸葛亮再多謀善斷，也不好管這閨房中事。再說了，堂堂一個劉豫州，被老婆打了，這事找誰說理去！說怕老婆，這不是寒磣自己麼！

最後劉備的對策是把趙雲安置在了府內，讓他做自己的親兵隊長。接了這軍令，趙子龍挺尷尬的，這算什麼差事啊！讓我對付一幫女兵，這還不如讓我再殺一趟長坂坡呢！

建安十五年，與孫尚香婚後一年的劉備攜嬌妻來到了江東，名義上說是陪老婆回娘家，其實是劉備有求於孫權，所以親自上門相商。

當時孫權正在京口（鎮江），雖然結盟已經有兩年多，兩家又結成了親家，可是兩雄還不曾相見。一覿之下，才知道果然都不是一般人。

孫權想：這人長得好生奇怪，兩隻耳朵都耷拉到肩膀上了，雙手長得差不多都能碰到膝蓋了！皇室血統就長成這樣？

劉備想：這人長得好生奇怪，鬍鬚發紫、眼珠子碧藍、方方的下巴大嘴巴、上身倒比下身長，莫非是西域胡人？

兩人都是嘖嘖稱奇。但劉備這一次來京口，可不是為了瞧孫權長什麼德性，他是來要土地的。

「多虧了周都督一把火燒走了曹賊，如今劉表的舊部紛紛拋棄曹氏，改投我的旗下，原來我只有數千人，如今已經達到數萬之多。」

孫權嘴巴上向他道賀，心中卻暗想：難怪我這邊沒什麼收穫，原來都到你那邊去了，居然還向我炫耀。

劉備的成功，主要在於以劉表長子劉琦做旗號，作出為劉表之子收復基業的姿態，所以荊州的士大夫，大多數歸順了劉備。當然也有例外，譬如劉備仰慕已久的劉巴，寧願選擇曹操。劉備攻取四郡之後，他南逃交趾，後來又投奔益州劉璋。劉備入川前夕，劉巴警告劉璋說：「備，雄人也，入必為害，不可內也！」

懂劉備的人不多，劉巴算一個。

劉備對孫權絮絮叨叨說了一堆話，其實中心思想就是一句話：「我的人太多，你給的地太少，希望你能夠把整個荊州（不包括江夏）借給我。」

這就是所謂的「借荊州」。

劉備不知道，此刻孫權的袖子裡正揣著周瑜從江陵十萬火急送來的密信呢！

周瑜對這件事可是重視至極，他特地派人連夜趕路送這封信，可見這封信的重要。擔任這項重任之使者，正是功曹龐統。

在龐統看來，這也是他在江東立功揚名的最佳機會。周瑜用他，正是看中了他的機智與口才。所以在臨行之前，周瑜將密信內容向他透露：「千言萬語，其實只是一句話，那就是借這個機會，一定要把劉備扣下來！」

龐統起初是愕然，隨即便明白周瑜的用意，點頭表示贊同。對於江東而言，劉備是盟友不假，可是也是潛在的競爭對手，特別是在荊州問題上，孫權、周瑜的計畫，最終是要把荊州劃入自家領地的，可是野心勃勃的劉備也想染指荊州，這就成了孫權兼併荊州以奪取天下的障礙。

現在劉備自己送上門來了，莫非天賜良機！孫權絕不可有半點婦人之仁，而應該果斷下手，軟禁劉備。一旦劉備被扣，留在公安的關、張、諸葛等人群龍無首，只有服從孫權的指揮。

周瑜告訴龐統，一旦孫權看了書信，仍然猶豫不決，那就是你龐統表現的機會了！若能促成此事，龐統便是江東的政壇新星、前途不可限量！

聽了這話，龐統興奮不已。

書信送得很及時，劉備剛來，一時半會不走。但是孫權看了密信，臉上卻露出迷惑的神情。周瑜的信上說：

「劉備以梟雄之姿，而有關羽、張飛熊虎之將，必非久屈為人用者。愚謂大計宜徙備置吳，盛為築宮室，多其美女玩好，以娛其耳目，分此二人，各置一方，使如瑜者得挾與攻戰，大事可定也。今猥割土地以資業之，聚此三人，俱在疆場，恐蛟龍得雲雨，終非池中物也。」

真的如此麼？

自從兄長孫策去世以來，孫權一直是孤軍作戰，如今剛剛有了一個並肩作戰的盟友，轉眼間便要翻臉麼？雖然說劉備是個討厭的滑頭，可是與曹操之戰，他畢竟也出了一份力，戰後取得一些土地，也在情理之中。大敵仍在，盟友之間便互相算計，這樣真的會對江東有利麼？

第六章　孫尚香的婚約

「你叫龐士元？」

孫權忽然點到龐統的名字，龐統精神一振，以有力的聲音回答：「是！」

「公瑾在書信的附言裡，說送信人不是泛泛之輩，而是被荊州人譽為鳳雛的龐統龐士元。」孫權注視著龐統的眼神，「那麼，你就以荊州人的身分，來說說這件事吧！」

「若是以荊州人而言，玄德公的魅力，的確超過了將軍！」

「哦，你是說荊州人更喜歡劉備麼？」

「是的，但這不僅僅是個人魅力。而是派系鬥爭所致。」

「這與派系有何相干？」

「荊州士大夫自從劉表時代便已經分裂為兩個派系，一派擁立大公子劉琦，一派擁立二公子劉琮，劉琦派反曹、親近劉備，劉琮派則親近曹操、反對劉備，大戰之後，劉琦派要麼被殺，要麼北上許都做官，所以滯留在荊州南部的士大夫，差不多都是劉琦派。而劉備自從劉表時代便已經積極經營荊州人心，大戰之後，他又擁戴公子劉琦，荊州的士大夫自然紛紛投奔。」

「如此說來，孫氏與荊州是無緣了。」

「那也未必！在曹操和劉備之間，荊州人選擇劉備；在劉備和主公之間，荊州人依舊選擇劉備。可是在曹操和主公之間，荊州人又會選擇誰呢？」

「大概會選擇孤！」孫權若有所悟，龐統的話還真是一針見血啊，孫權要奪取荊州，就勢必與劉備發生衝突。而要避免衝突又達到排除劉備這個隱患的最佳時機和最佳方法，就是現在扣押劉備為人質。

孫權不得不對眼前這個其貌不揚的龐士元刮目相看。

41. 轉瞬甜蜜

雖然龐統的話打動了孫權，可是這件事太過重大，孫權還需要和親信們好好商量。如今在他面前，坐著兩個人，一個是兄長時代的舊臣子呂範呂子衡，一個是孫權親手提拔起來的新寵魯肅魯子敬。

周瑜的密信擺在案几上，呂範和魯肅已經看過了。

「子衡，你先說吧！」

第六章　孫尚香的婚約

孫策時代，呂範曾經主管江東的財政，當時年輕的孫權常常在私底下向他討要零用錢，而呂範每一次都會報告孫策之後再答覆。

「何必這麼麻煩，不過是一些小錢罷了，為什麼要驚擾大哥呢？」

「雖然是小錢，可也是公庫的財產，沒有將軍的許可，怎麼能私相授受呢！」

「呂子衡真是古板之人！」

另一位姓周的財政主管，則每次都能為孫權巧立名目，躲過孫策的詢問。孫權自然與此人很親密。

等到孫權自己當家，卻想起了呂範的好處。

「呂子衡真是可信之人！」

於是那位周某被無情地罷免、永不敘用，而呂範卻得到了孫權的信任。

如今面對孫權的詢問，呂範肯定地回答，他支持周瑜的意見，贊成將劉備扣留下來。

孫權默然，他知道魯肅與周瑜的關係很好，本以為呂範會有不同意見，沒想到呂範也是如此認為，看來這一次他們的意見是統一無異了。

至於妹子孫尚香那邊，更不會有什麼問題。劉備留在江東，等於做了上門女婿，孫尚香哪有不同意的道理！

「主公為何不問魯肅的意見呢？」孫權這邊發呆，那邊魯子敬卻主動發言了，「我不同意公瑾的主張。」

魯肅認為，不但此時不應扣留劉備，相反，還應該答應劉備的請求，把江夏以外的荊州「借」給劉備。

「這是什麼話，魯子敬你瘋了麼？」孫權大吃一驚，「竟長江所極，據而有之，然後建號帝王以圖天下」這不是當年魯肅自己為孫權所作的規畫麼？按照這個計畫，孫權應該沿著長江向西發展，逐步兼併荊州和益州，然後建立王朝，與曹操爭奪天下。可是如今魯肅卻說什麼把江夏以外的荊州「借」給劉備，這是什麼話？

魯肅自有魯肅的道理，如今的他比以往更自信，思慮也自以為更為成熟。

「此一時彼一時，當時曹操尚未南下，所以我們的敵人是劉表、劉璋。而如今曹操已經剪滅群雄，天下唯有將軍與劉備足以與曹操對抗而已。」

呂範顯然不以為然，他比魯肅的資歷老得多，沒有理由怯場：

「烏林一役已經證明：沒有劉備，我們也可以對抗曹操！」

第六章　孫尚香的婚約

「不然，烏林一役雖然擊退了曹操，然而以曹操這般的巨象，這一擊並未受到重創。若以江東之力獨力對抗曹操，恐怕難以持久！」

「若能兼併荊州，我們便擁有兩大州的人力與物力，如何不能與曹操對抗？」

「江東與荊州世代互相敵視，感情上很難再短時間內融洽起來，如果遽然占領荊州，恐怕會引起抗拒。所以我們不妨藉助劉備，安撫荊州，令荊州人逐漸認可我們的統治。」

「若是放任劉備在荊州發展，荊州便是劉備的荊州，與我江東何干？」

「然而扣留劉備做人質並不是一件很容易的事，一旦劉備被扣之後，他的部下關、張等人勃然大怒，斷然投向曹操陣營，那我們豈不是平白無故地給自己增加了敵人。」

猶如一場現代足球的加時賽，魯肅的最後一句話射門得分，決定了勝負。孫權恍然大悟地起身，示意兩人不必再辯。

「孤意已決！」

問題不在於是否扣留劉備，而在於扣留劉備能得到多大的好處。如果扣留劉備反而會激怒關羽、張飛、諸葛等人，迫使他們反而投向曹操陣營，那江東真是搬起石頭砸了自己的腳。

然而這樣的機率有多大？聽說關羽與曹操有一段舊交情，而張飛的妻子則是曹操親族夏侯家的女兒，唯一與江東有密切關係的人是諸葛瑾的弟弟諸葛亮，然而傳言諸葛亮在荊州的地位並不如表面上那麼重要，兵權握於關、張之手，只有資歷較淺的趙雲、魏延之類才服從他的支配。

關羽、張飛皆是剛烈火爆的武夫，一旦聽聞劉備被扣留，一怒之下，揮兵殺向江東，或者乾脆投奔頗有淵源的曹操，可能性遠遠大於向孫權低頭。

如此說來，扣留劉備這一招，並不划算！然而劉備已經來了，對於他「借」荊州的請求，總要有個答覆。究竟是借與不借呢？

魯肅當然是主張借。

打開地圖，荊州在左，揚州在右，孫劉聯盟占據了這兩個州的大部分，曹操則占據兩州的北部地區，再往北去，荊州的北方便是華夏的核心、帝國的都城所在：司州、豫州之地；而揚州的北方，則是徐州、兗州。

現在的局勢，是孫權在荊州和揚州兩線作戰，西線是周瑜與曹仁的廝殺，東線則是孫權本人與曹操在江淮間的對峙。江東的兵力本來就不多，兩線作戰，當然兵力不足。所以赤壁之戰後這一年的戰事，雖然孫權占據上風，可是無論是東線還是西線，都打得相當艱苦，成果也很有限。

魯肅的分析，孫權深有同感。譬如說這一次攻打合肥吧，因為大多數兵將都跟隨周瑜去了南郡，居然只能用張昭為將，真是難為老夫子了！

第一次世界大戰中，德國在軍事上占盡優勢，然而苦於兩線作戰，打英法則俄國襲擊東線，打俄國則英法侵擾西線，德國苦苦支撐數年，終於國力衰竭。這是千年之後外國佬的事，孫權自然不知。可是戰國時，魏國強盛一時，然而同時與秦、齊、趙、韓為敵，終於喪失霸主地位；秦末，項羽同時與劉邦、田榮作戰，腹背受敵，終於敗走垓下……這樣的歷史可是孫權熟知的。

而要避免兩線作戰，魯肅認為唯一解決的辦法就在劉備身上。

赤壁一戰之後，周瑜其實犯了一個低階錯誤，他去北線爭奪曹兵據守的江陵，而把空虛的荊南四郡留給了劉備。在魯肅看來，事情完全可以顛倒過來，讓劉備去江陵打曹仁，而周瑜則南下長沙。

「言之有理，可是事已如此，又該如何挽回呢？」

魯肅說，既然木已成舟，我們乾脆就大方一些，把荊州借給劉備，如此一來，劉備的領地便與曹操直接接壤。劉備要擴張，必然與曹操發生衝突。即便劉備不北上，曹操也不得不把大量兵力部署在襄陽一帶以防劉備的突擊，這就減弱了我們的壓力。

而我們這一邊呢，由於西部戰線收縮到江夏一線，從此只需以少數兵力鎮守江夏，而把主力調往東線江淮戰場。到那時，我們的東線得到增強，而曹操那邊卻不得不為了應付劉備而調撥一部分兵力去襄陽，這一加一減，我們在東線的勝算可就大大增加了，拿下徐州也不是難事。

所以，魯肅的建議是：借荊州給劉備！

當然所謂「借」是要還的，等到劉備取得新的領土，足以自立。孫權便向他討回荊州，到時候，孫權東線占據徐州，西線又拿著荊州，何其美哉！

魯肅又給孫權畫了一張大烙餅充飢，在這一點上，魯肅比周瑜在行。

應了那句話：看上去很美！

然而就在孫權打算聽從魯肅建議把荊州借給劉備之時，周瑜又來函了，這次的函上說他的箭傷已經完全癒合，即將入京。

那就等公瑾回來，再決定借荊州之事吧！

這時劉備卻要回去了，孫權既然不打算扣留他，也就欣然答應。餞別的家宴上，妹夫劉

第六章　孫尚香的婚約

備和大舅孫權喝得都挺高興。劉備大概是探聽到了些許消息，覺得借荊州一事十有八九能成，所以心裡舒坦。臨來之前諸葛亮等人千般阻撓，說什麼孫權、周瑜一定會為難自己、甚至藉機扣押自己做人質，可見諸葛是以小人之心度君子之腹，多心了！

孫權這邊呢，暫時也放下了心中的包袱，敞開心扉與親愛的妹夫暢飲。

「聽說曹孟德知曉你我兩家結親、關係和睦，吃驚得筆都落地了呢！」

「這事你也曉得，難道在曹操身邊，有你的細作不成？」

「哈哈哈，哪裡有，只是道聽塗說罷了。」

酒越喝越多，話題便越發深入，越過了公務，進入私人領域。對於中國人來說，這正是關係親密的表現。

「玄德與小妹處得如何？」顯然有些酒意的孫仲謀小聲地問劉備。

「還好，令妹很溫柔賢惠……」

「哈哈哈，溫柔賢惠這個詞用在小妹身上，我還是第一次聽說。」孫權真的是過量了，他朝劉備擠眉弄眼、一臉壞笑，「我指的是那個方面……」

「呵呵，那個啊……」劉備也醺然若醉，他揚起臉大笑，「我在那個方面，比在沙場上的表現還好些呢！」

「啊哈，是嗎，本來我還準備了一些特別的禮物呢，也罷也罷，看來玄德是不需要了！」

「喔，既然準備了，就不要小氣了，我得帶回公安去。」

「哈哈，玄德真是性情中人啊……」孫權真的醉了麼？他的話聽上去可不像是在開玩笑，「玄德公，善待我的妹子！如若令尚香傷心，我必會令你傷心，這是做哥哥的心聲。」

「唔唔唔，仲謀，如今我可是尚香的夫君，我怎麼會讓她傷心呢？我必讓她成為荊州的女主人，九州第一的女人……」

在劉備與孫權之間，這樣酣暢的痛飲暢談，大概再也不會有了吧！時為建安十五年，這是孫劉聯盟最美好的歲月，也是劉備與孫尚香最甜蜜的時光吧！

42. 益州天命

建安十五年，周瑜三十六歲，這正是一個男人最強盛的時光，他告訴我要西征益州，從他的興奮眼神中能看出他的雄心勃勃，說實話，我很高興，但也很不安。周郎的神色中我依稀看到了北伐前夕大哥孫伯符的影子，這是亢奮有餘、蓄勢不足的徵兆。我擔心他的身體是否能支持這項偉大的事業。

果然不久便聽到了糟糕的消息，我的心願是能在公瑾臨終之前再見他一面。可是西去巴丘的船剛下水，噩耗已然傳到。船走到蕪湖，迎面所見正是運送周瑜棺柩的船隻。

我落淚了，天意弄人若此，奪走了我的大哥伯符，如今又帶走了我的公瑾！許多年以後，我還能想起與公瑾共處的那些歲月。曲有誤周郎顧，如今周郎已逝，曲為誰彈？夢滅了，這是周郎的夢，也是我的夢。人生如夢，周郎的夢碎時分，也是我的夢醒時分，魯肅繼承了周郎的職位，只是物是人非，公瑾永遠都不會回來了……

——孫仲謀的獨白

劉備即將回去了，臨行之際孫權帶著張昭等人為他送行。

「玄德，保重！」

即將上船的劉備忽然回頭，朝孫權回走了幾步，他這是有話要說。那就說唄，孫權側耳傾聽，劉玄德的聲音很小，似乎不想讓左右聽見。

「仲謀，有一句話不知當講不當講？」

「以你我的關係，還有什麼不能說？」

劉備很誠懇地說：「公瑾這個人，文韜武略沒的說，可稱萬人之英。只是……」說到這裡更加壓低了嗓音，孫權幾乎聽不見他在說什麼。

「玄德公，你大聲點！」

劉備嘆息了一聲，依舊是低聲細語，孫權向前湊近些，終於聽清楚了，劉備說的是：「只是他器量宏偉，恐怕不是久居人下之輩！」

孫權啞然失笑，劉備你這個老江湖，不動聲色間說出這種話來，這是在施離間計啊。要不是我和周瑜肝膽相照、君臣同心，這幾句話還蠻有殺傷力的！

劉備前腳剛走，周瑜便到了京口，他坐下來的第一句話便是關於劉備。

「主公縱虎歸山，只怕將來老虎要吃人！」

可是劉備已經走了，周瑜再抱怨也沒用，話鋒一轉，他說到了益州。

早在十年之前的建安五年，魯肅早已經為孫權制定了完整的策略規劃：「江東的西方，是劉表的荊州，再往西，是劉璋統治的益州。奪取這兩州的難度，顯然小於北伐曹操，況且，一旦奪下荊州和益州，整個長江天險便在孫權的手中，據守這片遼闊土地，進可以討伐中原，退可以稱王江東，這和當年漢高帝劉邦占據關中為根據地，進軍中原與項羽逐鹿天下，完全是一個道理！」

東起江東，西到西川，竟長江所極，據而有之，然後建號帝王以圖天下，這便是魯肅為孫權規劃的天下霸業藍圖。這份藍圖，將中國的南方半壁江山囊括其中，如果得以實現，那麼南北朝時代就將提前到來。

無獨有偶，二十年前，帝都洛陽一帶流傳著這樣的預言：「京師將亂，益州分野有天子氣。」

這話出自圖讖發燒友、益州人董扶之口，所謂圖讖，其實就是秦漢巫師方士圖文並茂寫下的一些神祕預言。

王莽篡位時代，曾流傳這樣的圖讖：「劉秀發兵捕不道，四夷雲集龍鬬野，四七之際火為主。」結果若干年後，果然是一個叫劉秀的人收拾江山，復興漢室，這便是光武中興。自此圖讖學風行一時，在某種程度上超越了正統儒學的影響力，成為東漢的顯學。

「京師將亂，益州分野有天子氣。」或許正是因為這則預言，董扶的好朋友、時任太常卿的劉焉（劉璋之父）上表朝廷，請求外放益州做官。他的理由很冠冕堂皇：「四方兵寇，由刺史威輕，既不能禁，且用非其人，以致離叛。宜改置牧伯，選清名重臣以居其任。」

當時的益州正如一鍋熱粥即將沸騰，益州刺史郤儉橫徵暴斂、百姓怨聲載道，益州將亂的謠言甚至傳到了京師。

「這個時候劉太常主動請求去益州，可見他真的是忠心耿耿、赤膽為國！」

於是一紙詔書，劉焉成了益州牧。然而他還沒上路呢，益州已經亂了，起義軍打著黃巾的旗號，殺了刺史郤儉。好在劉焉的運氣不錯，有一個叫賈龍的官員擊潰了起義軍，劉焉得以順利地入境就任。

在益州，劉焉刷新吏治、善待蜀民、推行德政，巴蜀士人對他的評價很高。這時京師倒是真的大亂了，先是大將軍何進遇害，接著是袁紹屠殺宦官、血洗宮廷，繼而董卓進京，昔日繁華如天堂的洛陽城屍橫街道、儼然阿鼻地獄。

「京師將亂」——董扶的預言上半句已經實現，想來下半句也不會落空——「益州分野有天子氣」，劉焉慶幸自己的抉擇沒錯，如今他開始為自己的「天子氣」而動作，他先是勾結五斗米道殺害了漢中太守蘇固，斷絕斜谷閣，殺害漢使。接著，劉焉裝腔作勢、貌似很痛心地上表說：

「米賊斷道，不得復通。」

接著，他開始在益州殺人立威，就連當初掃清民亂、迎他入蜀的賈龍等人也不免一死。劉焉越來越囂張，他甚至造了一千多輛仿製皇家馬車。鄰居劉表看穿他的心思，給朝廷上了一份奏章，說：「焉有似子夏在西河疑聖人。」

劉表是儒學名士，說話喜歡引經據典。子夏是孔子的弟子，曾經在西河開館教學，人們誤以為他便是孔夫子。劉表引用這個典故，說白了就是：「劉焉那傢伙有野心，瞧他捏著鼻子裝象的德行，不明就裡的人還以為他就是天子呢！」

朝廷正為自己的焦頭爛額，哪裡顧得了偏遠的益州，於是打算調和一下矛盾。劉焉的兒子劉璋在長安做奉車都尉，朝廷便讓他做欽差去益州勸劉焉收斂一些。這正是肉包子打狗有去無回，劉璋去了益州，哪裡還會回來。這件事便不了了之。

劉焉一共有三個兒子，劉璋是老三，上面還有兩個哥哥劉範、劉誕。這哥倆也在長安做官，馬騰襲擊長安一戰中，劉範哥倆與馬騰通謀，結果馬家軍戰敗，逃回涼州，劉範哥倆可就倒了霉，雙雙送了性命。

這一年正是劉焉的不幸之年，他所居住的綿竹城莫名其妙燒起天火，險些喪命。焦頭爛額地逃生出來，卻聽到兩個兒子被殺的噩耗。劉焉這就受了刺激，一病不起，終於在興平元年一命嗚呼。

劉焉一死，劉璋便成了接班人，這是個老實厚道的小孩，這是他最大的優點，也是最大的缺點。政治哪裡是老實人玩得起的？全無威勢的劉璋壓不住臣下，北邊的張魯不再服從，內部也是叛亂不斷。

在群雄的眼中，劉璋就是一隻肥美的羊羔，只不過大家都忙著逐鹿中原，一時還顧不上他罷了。

「益州分野有天子氣。」

聽著這樣的預言，孫權也心動了。周瑜為孫權分析當前局勢，建議立即著手執行「西進計畫」。周瑜說，情報顯示，赤壁之戰後，曹操正處於內憂外患的低潮期，近期之內不可能發動大規模的南下侵略戰爭。而荊州通道已經打通，正是執行「西進計畫」的最佳時機。

所謂「西進計畫」，就是周瑜、孫瑜（孫權的堂哥）西征益州，消滅成都的劉璋和漢中的張魯，成立孫氏的西線集團軍。「西進計畫」之後，是更為宏偉的「三線並進」計劃，即孫瑜留在漢中，主持西線；周瑜回到荊州，主持中路；孫權則坐鎮石頭，主持東線，形成對曹操的三條戰線。

整個計劃中與劉備無關。這也正是周瑜之所以建議孫權扣留劉備的意圖所在。可惜孫權與周瑜在這個問題上，並未達成一致意見，於是為後來的失敗埋下了伏筆。

孫權對於「西進計畫」，完全贊同。君臣既然已經同心，周瑜再無顧慮，心急的他在京口只停留了兩三天，便告別孫權，返回荊州。

43. 壽命難恨

密林中發出虎嘯之聲，亂樹背後落葉嘩嘩作響，一隻吊睛白額的老虎探出頭來，發現已經被不懷好意的軍士們包圍。

孫權從箭囊中抽出一支箭矢，朝虎的咽喉射去。虎一搖頭，箭射偏了，射入了老虎的肌肉裡，牠痛得大喊，把兩隻爪子在地上一按，大吼一聲向孫權撲來。

「快救護君侯！」

刀槍劍戟一時齊到，那老虎的前爪已經撲到了孫權的馬鞍處，可是敵不過眾軍士的牠，終於死在了孫權的眼前。

「好險！」

孫權大出一口氣，只覺手腳都軟了，腦中卻在想：若是張老夫子看見此情此景，一定是嘮叨個沒完沒了。

說張昭張昭便到，老夫子乘著一頂竹輿轎子來了，一看見地上的老虎張昭便變了臉上的顏色數落起孫權來：「將軍你怎麼能這樣呢？」

「夫子，不過是出來散散心罷了，何須動怒？」孫權嬉皮笑臉。

「所謂人君，是說他駕御英雄、驅使群賢，可不是說他能馳逐原野、與猛獸鬥勇！」說著說著，張昭又使出了他的殺手鐧，「一旦將軍出了意外，老夫又有什麼顏面去見仙逝的國太與討逆（指孫權的母親與兄長，他們都曾託孤於張昭）！」

「夫子不要再說了。」孫權只能道歉，「我錯了，只怪我年少慮事不遠，慚愧慚愧！」

於是收拾地上的死虎，剝了虎皮回家。

後庭，產房中傳出嬰兒哇哇的啼哭之聲。

「恭喜君侯，是一位郡主！」

去年此時，孫權喜獲他的長子，這是他與一個地位卑微的侍女所生的，他為自己的兒子取名叫「登」。《爾雅》有云：「登，升也。」孫權這是在感懷自己逐次上升的人生階梯吧！他對正室徐夫人說：

「把這個孩子當做你自己的兒子來撫養！將來所有我的子女，無論你還是哪個偏房所生，都是你的孩子，這正是所謂正室的責任。」

如今的後庭，孫權最寵愛的女子是步夫人，步騭的族人之女。這位來自淮陰的江北美人，以她的如花容顏與寬容和順的性格而深得孫權的歡心。相比之下，徐夫人就有些心胸狹窄、愛嫉妒、好吃醋。

嫉妒本是女人的天性，然而在美女如雲的後庭，唯有掩飾自己的天性，才能在這場女人的戰爭中立於不敗之地。這個道理，徐夫人不懂，步夫人懂。

此時，蒙受寵幸的步夫人終於為孫權生下一個女兒，雖然未能生下兒子，但總比肚子平平的徐夫人強了幾分。

「哈哈，孤有了一個女兒！」不知為何，孫權突然想起了方才射虎的情景，「好啊，就叫你大虎吧，倘若將來有個妹妹，可以叫小虎！」

以老虎為自己的女兒命名，這可真是別出新裁，然而一個女孩子竟然叫大虎，呵呵，這個女孩子的將來真是很令人好奇。

不過看得出，孫權的心情很好。周瑜即將西征益州，以劉璋的孱弱，一定不能抵擋江東的健兒。天快亮了吧，這是孫仲謀與周公瑾的黎明，這晨曦的亮光，使孫權的心裡變得亮堂堂的，他想，父親和大哥一定不會想到孫仲謀會有今天。

抱著女兒大笑的孫權，究竟在想些什麼呢？

「舉江東之眾，決機於兩陳之間，與天下爭衡，卿不如我；舉賢任能，各盡其心，以保江東，我不知卿。」兄長的話語彷彿又在耳邊，可是孫權不服氣，他可不僅僅是「保江東」，他也能「與天下爭衡」，大哥，你就瞧著吧！

事實上，周瑜的歸途並不順利，船隻走到巴丘（今湖南嶽陽），周瑜的身體已經不能再忍受行程之苦，只能停留下來休息。同時傳喚醫師來為他醫治。

周瑜的病源於一年前在江陵城下的箭傷。當初戰事僵持不下，為了鼓舞士氣，身為江東軍主將的周瑜也親自跨馬上陣，帶領將士衝鋒陷陣。

可惜周郎運氣不佳，被一支流矢射中右臂。

「哎呀！」

周瑜翻身落馬，傷勢不輕。本來想鼓舞士氣，現在反而鼓舞了敵人的士氣。曹仁聽說周瑜受傷，帶兵到周瑜軍營前大肆招搖嘲笑：

「曹征南問候周都督安康否？」

周瑜大怒，強撐著病體披掛上馬，激勵將士，與曹仁對壘。

「原來箭傷並不嚴重！」曹仁以為周瑜真的無礙，很失望地回城。最終周瑜的硬撐，換來了曹仁的撤退。可是周瑜的身體卻從此落下了病根。

當年周泰被山賊圍攻，身被十二槍，金瘡發脹，命在須臾，可是得了一個醫者的救護，一月而愈。這名醫者的名字叫做華佗。周瑜的病傷，一年以來反反覆覆，時好時壞，若是在華佗的手中，會不會拖延這麼久，可見為周瑜施針之輩，都是些庸醫。耽擱至今，小小的箭傷居然熬成了大病。

看來是熬不過去了。

病榻上的周瑜索要紙筆，寫下了如下字句：「瑜以凡才，昔受討逆殊特之遇，委以腹心。遂荷榮任，統御兵馬，志執鞭弭，自效戎行。規定巴蜀，次取襄陽，憑賴威靈，謂若在握。至以不謹，道遇暴疾，昨自醫療，日加無損。」

可是周瑜真是心有不甘啊，他又寫道：「生有死，修短命矣，誠不足惜。但恨微志未展，不復奉教命耳。方今曹公在北，疆埸未靜，劉備寄寓，有似養虎，天下之事未知終始，此朝士旰食之秋，至尊垂慮之日也。」

是啊，這正是周公瑾施展平生抱負的時候，他怎麼能半途而廢呢？可是誰又能抗拒死神的召喚。周瑜唯有考慮後事的安排，他想到了魯肅：「魯肅忠烈，臨事不苟，可以代瑜。」

不過魯肅在西征和對待劉備的問題上，似乎和自己並不合拍。也罷，一切自有天數，非人力可以強為之。再放不下，周瑜也只好放下了。

「人之將死，其言也善，儻或可採，瑜死不朽矣！」

拋下手中筆，周瑜微閉雙眼，大聲地喘息之後，又是一陣連續不斷的咳嗽。周瑜感到一陣的暴躁，他憤憤不平地吐出一口痰：「老天何其不公啊！」

痰中帶血，那血的顏色，何其鮮紅，紅得讓人覺得可怕！

信使快馬加鞭將周瑜的臨終告白送到京口，當孫權讀到最後一句：「人之將死，其言也善，倘或可採，瑜死不朽矣。」時，知道周瑜必死無疑，已是泣不成聲。

「周公瑾有王佐之才，如今卻突然短命而死，我該依靠誰呢？」孫權立刻安排快船去巴丘，船剛下水，周瑜的死訊已然傳到。孫權決心西上奔喪，走到蕪湖，迎面遇上了運送周瑜棺柩的船隻。孫權撲搶到棺柩之上，嚎啕大哭！

江東文武，不論老臣、新人，都為這突來的噩耗而震驚、感傷，就連曾經與周瑜關係不和睦的老將程普也潸然落淚

「與周公瑾交，若飲醇醪，不覺自醉。」

周瑜的早死，是江東最重大的悲劇。從孫策時代起，周瑜已經是江東的兩大支柱，吳氏曾留言：外事不決問周瑜。曹操南下，江東最危難之際，是周瑜力挺孫權，達成抗戰的共識。赤壁之戰，更不用說周郎乃是毫無疑問的第一功臣。

最為可惜的是，周瑜的死，正是他施展平生最大志向，西進巴蜀、角逐天下的前夕！對於周瑜這樣擁有強烈的進取心、志在橫行天下的人來說，人生之痛苦，莫過於此！蘇軾曾寫下〈念奴嬌．赤壁懷古〉一首，其辭曰：「大江東去，浪淘盡。千古風流人物。故壘西邊，人道是，三國周郎赤壁。亂石穿空，驚濤拍岸，捲起千堆雪。江山如畫，一時多少豪傑！遙想公瑾當年，小喬初嫁了，雄姿英發，羽扇綸巾，談笑間，檣櫓灰飛煙滅。故國神遊，多情應笑我，早生華髮。人生如夢，一樽還酹江月。」雄姿英發的周公瑾就這麼死了，實在是應了「人生如夢」這句話。

周瑜的早死，雖是孫氏的不幸，卻是劉備的大幸。周瑜一死，孫氏陣營之中，再無合適人選可以西征益州，「東起江東，西到西川，竟長江所極，據而有之，然後建號帝王以圖天

下」的江東規劃，成為泡影。接替周瑜的魯肅，論才能難以與周瑜媲美，論老謀深算更遠遜色於劉備，南北朝不復可能，劉備卻將藉此際遇，迎來自己的人生轉機。

44. 劉備獨食

南國的冬日不太冷，龐統的心卻冷了。

曾經在周瑜幕下任功曹的鳳雛龐統，跟隨護送周瑜的棺柩來到了江東，借這個機會，他結識了不少江東的俊傑，譬如陸績、顧劭、全琮之輩。

「都是些泛泛之輩，看來周公瑾死後，江東不會有什麼明天了！」

龐統在心中默唸，江東英傑之中，他最仰慕孫策與周瑜。可是他來之前，孫策便已經死了。本指望在周瑜手下混幾年，可以有出頭之日，可如今周瑜也死了。

「在這江東，可以駕馭我的人都死了，我還留在這裡做什麼呢？」

龐統決心離開，尤其是察覺孫權並無用自己的意思之後，他更堅定了這決心。

「士元打算去何處？」

第六章　孫尚香的婚約

龐統途經南郡時，魯肅留住了他，因為周瑜的關係，兩人早就認識，關係處得相當不錯。龐統知道其實魯肅很希望自己留下來協助他，周瑜死後，孫權已經委任魯肅接替周瑜的職務。可是龐統認為：魯肅的才能與周瑜相差太多，駕馭不了自己。

「回襄陽讀書、耕田吧！」

「襄陽，你是要投曹麼！倘若如此，魯某可不能輕易放縱你遁去。」

「子敬你是要殺我麼！」

魯肅大笑，拍拍龐統的肩膀：「我已經猜到了你要去哪裡，也好，既然你不願意留在江東，去那個人手下也不錯！」

「子敬也希望我為那個人效力麼？」

「差不多吧！」魯肅微微皺著眉頭，「我甚至可以為你寫一封推薦的書信，相信對你會很有用！」

「子敬對龐統這麼用心，不會是無緣無故吧！」

「呵呵，不愧是鳳雛……我希望你繼續能為江東做一些事。」

龐統啞然失笑，魯肅不會是打算把自己安插在那個人身邊，做間諜甚至是刺客吧！

「我正準備說服主公，將荊州借給那個人，可是我也深知那個人的滑頭。」魯肅的表情很嚴肅，不像是在開玩笑，「如果你能在他身邊出謀劃策，我會安心很多。」

魯肅坦然說：「我的打算是：龐士元你在那邊，而我在這邊，一起維護這兩家的聯盟。」

龐統也坦率地回答：「如果我成為那個人的軍師，說不定會鼓動他與江東為敵！」

「至少就目前而言，曹操不滅，我們兩家就必須維持眼下的這種關係。只有傻瓜才會撕破臉皮，我想你龐士元不是傻瓜，更何況劉玄德不會受一個傻瓜的擺弄。」魯肅很沉著，但是龐統想：畢竟他還不是不如周瑜，很多事，他看得太簡單了。

「我贊成子敬所言，維持眼下的關係對雙方都有好處，但是將來一定會有變數。」

「能管住眼前事就不錯了，誰管得了將來！周公瑾那樣聰明的人，算得了天下算不了自己，你我還不如他，說什麼將來！」

魯肅的話聽上去多少有一些喪氣，龐統想：周瑜的死，的確改變了一些事，也改變了一些人。這些人中，有魯肅，也有自己。

「我的未來在哪裡？」素來自負的龐統居然也莫名地迷惘起來。

可是魯肅並不迷惘，他告訴龐統，未來在益州。

第六章　孫尚香的婚約

赤壁之戰以後，南北對抗已成定局，曹操一時吃不下孫劉，孫劉而難以越過長江北伐，所以三方的目光都會投向西部。

對於孫劉而言，只有兩種選擇：一是孫劉聯合攻取益州，瓜分其地；二是劉備獨吞益州。然而前者的成功率可以說是微乎其微。魯肅希望龐統能協助劉備儘早奪取益州，一旦事成，龐統在劉備陣營的地位將迅速提升。

可是這對於魯肅及江東有什麼好處呢？

「劉備取得益州之後，便將荊州還給江東。」

龐統內心深處有一絲不安，劉備會還麼？魯肅恐怕太天真了吧。

「倘若撕破臉皮，對誰都不是好事！」

劉備取得益州卻拒絕還荊州，這便意味兩家關係的破裂。魯肅以為劉備不會如此愚蠢，即便劉備真的利慾薰心，他的身邊還有諸葛亮以及龐統，兩大智囊的提醒忠告，想必劉備不會置若罔聞。

魯肅快速地寫好給劉備的推薦信，遞給龐統。

龐統的離去，是孫權的疏忽，他太沉迷於周瑜逝去的悲傷之中，以至於對世事的感覺有些模糊起來。

「公瑾有一個女兒，就做我兒的媳婦吧！至於他的兒子，我不是剛有了個女兒麼，就把大虎嫁給他吧！」

孫登只有兩歲，大虎更是襁褓之中的女嬰罷了，然而孫權卻已經決定，要以這種方式表達對周瑜的懷念。周瑜有一女二子，女兒可以做孫登的妃子，而大虎則下嫁周瑜的長子周循，至於周瑜的次子，孫權將會從孫氏宗親中選擇合適的女子與其聯姻。

「主公，依照前面所議，把荊州借給劉備如何？」魯肅進言。

孫權無力地點頭，周瑜推薦你為接班人，也罷，就照你的意思辦吧，我最近很是頭痛，不想考慮這些事。

於是交割南郡給劉備，原來接替周瑜做南郡太守的程普，回到江夏做太守。至於魯肅，從長沙分割一部分土地出來成立了漢昌郡，魯肅兼任漢昌太守，指揮部設在陸口（今湖北嘉魚）。

這一年也有好消息，或許是因為步夫人得寵的緣故，步騭得到重用，出任交州刺史。步騭一到交州，便殺了三心二意的吳巨，威震嶺南。這樣一來，孫權所控制的領地便如同一個半月形包住了劉備所占據的荊州。

然而就在第二年，也就是建安十六年，細作報告了來自北方的最新軍情，說是曹操正策劃西征漢中的張魯，司隸校尉鍾繇將擔任此戰的前鋒，而大將夏侯淵也將參與此戰。至於曹操本人，不久也將親臨關中，坐鎮對張魯的一戰。

區區一個張魯，不值得曹操如此大動干戈，孫權認為，這是曹操即將對益州下手的訊號。周瑜已死，可是他所設計的西征大業不能就此了結，孫權有意重啟西征計劃，只不過有所調整。當年周瑜是打算撇開劉備單幹的，如今孫權卻有意聯合劉備共取西川。

孫權的態度很誠懇，他派特使抵達公安，向劉備表達了聯合西征的意願。理由是曹操有意西征漢中張魯，一旦張魯降曹，曹操必然南下西川。假如曹操得到益州，荊州就危險了。所以如今之計，唯有先下手為強，兩家聯合起來，直搗成都、北上漢中。

劉備很快回信，說是剛剛拿下荊州，根基還沒紮穩，不可輕動。要打益州你自己打去，反正咱不摻和這件事。他還勸孫權慎重行事，一是因為益州的劉璋雖然不強，但是西川地形險要，劉璋自守綽綽有餘；二是曹操正在磨刀霍霍，一旦孫權攻打益州不利，曹軍便會乘虛襲擊江東。

江陵是西進益州的必經之路。劉備不動，孫權也不可能越過劉備打劉璋。這樣一來，孫權西征計劃便成空談。孫權這才理解當年周瑜為什麼不同意「借荊州」，氣得不行，周瑜不在了，他找來堂哥孫瑜，讓他強行扣關西進。

「既然玄德公不參與此事，我這就讓孫瑜攻打益州，不要玄德公一兵一卒相幫！」

然而孫瑜的大軍推進到荊州，發現自己已經被劉備軍三面包抄，關羽在江陵，張飛在秭歸，劉備在孱陵，拉開一副火拚的架勢。孫瑜雖然也是「瑜」，到底不如周瑜沉著冷靜，一看這陣勢就有些傻眼。

「玄德公這是什麼意思？」

「劉某是來為劉璋求情的。我和劉璋同為漢室宗親，希望孫將軍能看在劉備的薄面上，放劉璋一馬！」

見孫瑜還有些猶豫，劉備更進一步，賭咒發誓說：「若有半句假言欺騙，我就披頭散髮、入山林隱居，絕不失信於天下！」

這是什麼玩意？孫瑜奉命去打益州，不是來和劉備廝殺的，要打也得回去稟報了孫權再打。孫瑜只能撤兵。

聽了孫瑜的回報，孫權簡直都快氣瘋了。

「劉備哪裡是為劉璋說情，他這是想獨吞益州，這個老滑頭，當年要是聽公瑾的話，把他扣下來就好了。」

「我看玄德公說得很誠懇，說不定還真是如此，畢竟他和劉璋同屬皇室宗親。」

「拉倒吧！什麼皇室宗親，劉備不過是薊縣一個賣鞋子的小販，扯什麼皇親。說白了他就是渾水摸魚的主，乘著亂世往自己臉上貼金呢！」

到了下半年，更驚人的事情發生了，千方百計阻止孫權西征的劉備，帶著一大票人離開荊州，西行入蜀去也！

魯肅的報告上說：劉備之所以入蜀，並非是為了吞併劉璋，而是接受了劉璋的邀請，前往益州協助劉璋抵禦侵擾北部邊境的張魯以及即將出動的曹操大軍。所以，劉備這一次出兵完全出自公義，並無私心。

孫權一看這報告就氣歪了，一把抓起竹簡就扔在地上。

「子敬真是迂腐，公瑾怎麼選中這麼一個呆瓜來接班？」

孫權認為，劉備顯然是假借助陣名義入蜀，一旦他在益州站穩腳跟，便會向倒楣的劉璋現出猙獰面目，奪取益州。魯肅卻完全被劉備假仁假義的藉口所矇騙，居然還說什麼「完全出自公義，並無私心」，子敬你真是太讓人失望了！

可是到了這一步，孫權再生氣也沒用，只好拾起竹簡再看，魯肅對荊州的情況倒是摸得蠻清楚，原來劉備把自己的團隊分成兩組，一組留在荊州，一組隨他入川。留在荊州的這組由諸葛亮負責，組員包括關羽、張飛和趙雲；入川這一組則包括黃忠、魏延等，龐統為隨軍軍師。

這下子，孫權倒是看出點端倪來，有招了，雖然這招損點，可是對付你這愛吃獨食的老滑頭劉備，再損的招也不過分！

45. 斷藕難續

時為建安十六年的冬天，劉備入川已經好幾個月了，荊州在諸葛亮的管理之下井然有序，百姓安居樂業，邊境外鬆內緊，一派祥和氣氛。

可是表面上的平靜並不能說明一切，諸葛亮與關雲長絲毫不敢懈怠，北方有曹兵，東方有孫權，雖然是同志加同袍乘以親戚的關係，可是諸葛亮明白，政治這玩意沒那麼簡單，今天的朋友，明天一覺醒來說不定就成了敵人。就好比此刻的劉備，正在西川和劉璋貌似親熱、稱兄道弟，可是一旦機會成熟，外衣下掩蓋的刀劍就要亮出來，奪取對方的性命，儘管數天前你還親切地稱他為永不放棄的好兄弟。

有時候諸葛亮會極度厭惡這些東西，難道自己從隆中的茅廬裡出來就是幹這些齷齪事麼？可是每當清醒時分，諸葛亮心中無比明瞭，所謂成功的政治家，無非就是一臉大義凜然地一手骯髒，手下的活越是骯髒，臉上的表情還越是正氣凜然。

也許正是因為這個緣故，諸葛亮有意無意地把這次入川立功的機會讓給了龐統。他是新人，急於表現、立功心切，想必他會很迫切地勸劉備早些對劉璋下手，而且下狠手，越是狠辣，越是見效快，也越是顯現龐統的本事。這是新人的通病，以龐統之明銳，也不能免俗。

諸葛亮已經跟了劉備五個年頭，已經過了見習期的孔明不再像以前那麼愛出風頭。這次留守荊州，他明白自己的職責所在就是：

不要出事！

公安城裡的趙雲對孔明的這種心態深有同感，他和孔明最近越來越談得來，關係遠遠超過了關、張與孔明。

趙雲現在的職務是留營司馬，說白了就是幫劉備看家。家裡有什麼人或物需要勞動趙子龍來看著啊，無非是那位孫夫人。劉備入川之時，並沒有帶上新婚燕爾的孫夫人，而是將孫家妹子留在了公安獨守空房。這一舉動，引起諸多猜測。

「玄德公畢竟年歲大了，有些不能勝任……」

「我看玄德公倒是寶刀未老，只是孫家妹子太強勢，他有些吃不消，所以借入川的機會冷落冷落她……」

「玄德公已經厭倦了江東花，現在他想嘗嘗蜀郡的文君滋味。」

雖然表面上誰也不敢說什麼不敬的話，可是在私底下，什麼難聽的話都有。偶爾也會有幾句話傳進趙雲的耳朵裡，尷尬的趙子龍只好裝聾作啞。

「別出亂子……」

然而越是怕出事，那事便越是沾著你，越是怕出亂子，亂子還偏偏就發生了。

百無聊賴的孫夫人終於跟諸葛亮提出要回娘家住幾天，令諸葛亮和關、張深感為難：「大哥不在，這事可是……」

「正因為玄德不在，所以我才要回江東小住。」

第六章　孫尚香的婚約

「不如寫封信去益州如何？」

「書信來回，少者十來日、多者個把月，我不想等那麼些時日！」

「哎呀這個、這個……」

說到底沒辦法拒絕，唯有答應。

這時孫權派來的船隊已經到了公安附近的船碼頭，孫尚香帶著她的侍女兵團上船離去。趙雲不由舒了一口氣，可是心又似懸在半空，無法安定下來。

「哎呀不妙，公子不見了！」

公子便是劉備的獨子、趙雲在長坂坡救下來的那位劉禪，乳名阿斗的小哥，如今已經五歲了。一個婆子說，孫夫人帶走了他，還說：

「現在我是他的母親，我當然得帶他走，難不成叫那幾個大男人帶小孩不成！」

趙子龍沿著江岸追趕，心急如焚。要是真的在自己手裡丟了劉禪，一定會被眾人恥笑：「從前有成也蕭何、敗也蕭何，想不到今日有得亦趙雲、失亦趙雲！」恥笑還是小事，從前在長坂坡勇救幼主的功勞便前功盡棄了。

這時，孫尚香的船隊已經順江而下，進抵烏林江面。再往前便是孫權的地界，孫尚香自然是歸心似箭，船艙裡的劉禪似乎也高興得很。

「去江東玩麼，好！好！」

然而在烏林江中已經有數十艘戰艦一字排開，攔住去路，船頭一員大將，正是張飛。

「夫人可以回江東，可是公子必須留下！」

前有堵截、後有追兵，孫尚香只能交出劉禪，阿斗還不太樂意，目送孫夫人的船隻離去，漸漸消失在東方的日影之中，劉禪嘟囔著說：

「我要去江東玩嘛！我要去江東玩嘛！」

張飛和趙雲面面相覷、哭笑不得。孫夫人回去了，看來多半是不會回來了。孫劉兩家彼此的怨恨越來越深、恩情卻越來越淺，如今就連這僅存的聯姻絲線也斷了，孫劉兩家的聯盟還能維持多久呢？就連諸葛亮的心中，此時也沒譜了。

「能拖一天是一天吧！」

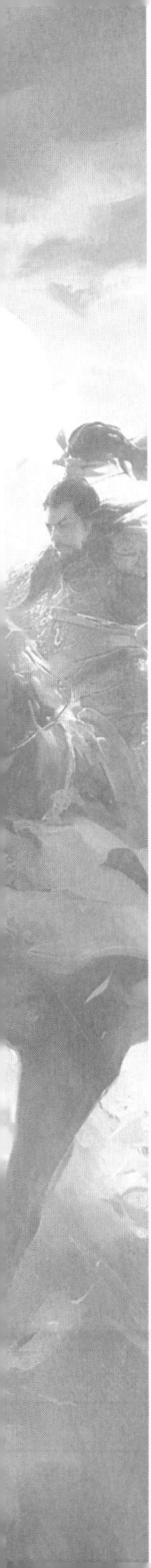

第七章 盟友成敵

許多人大概會問，我為什麼要把尚香妹子從荊州接回來？

其實這個問題應該問劉備。聽說他離開荊州去益州的時候，最高興的一件事不是可以雄踞西川，而是從此可以擺脫內室的威控。聽說在益州他已經有了新歡，愜意得很。而尚香妹子呢？一個人留在荊州，聽說趙雲、諸葛亮一班人防賊似地防備著她，她的日子很不好過。

我知道這是我的錯，這場婚姻一開始就是兩個野心勃勃的男人之間的交易而已，尚香只是一個交易品。其實我不敢奢望劉備真的會愛尚香，我只是希望他能看在兩家聯盟的份上，對我的妹子好一點。

「玄德公，善待我的妹子！如若令尚香傷心，我必會令你傷心，這是做哥哥的心聲。」我曾經告訴劉備這樣的話語，他也許以為我是在說笑。不錯，從父親到大哥，我們孫家的男人都喜歡開玩笑，可是這一句話絕不是玩笑！

於是我把妹妹從荊州接了回來。我以為這樣做可以為尚香出出氣，順便也讓她回來散散心。

我後來才明白，這是錯上加錯。回到江東的尚香妹子似乎變了一個人似的，常常把自己一個人關在屋子裡，神情黯然、沉默寡言，這還是從前那個爽朗活潑的尚香麼？

我勸她說：「尚香，只是回來住些日子而已，待玄德公從益州回來，哥哥會為妳交涉，到時候他還會接妳回去的！」

「回去與不回去，又有什麼分別？他從未將我當做他的妻子，他只不過是被迫接受了一個安插在身邊的女子而已！能擺脫我而去益州，他一定如釋重負吧！」

冷冷地丟出這樣的話語，尚香妹子便再也不跟我說話。我知道妹子是生我的氣，也生劉備的氣——兩個愚蠢而無情的男人！

其實我也很生自己的氣，我毀了妹子的青春，卻一無所獲。

歸根結柢，一切的根源在於可惡的劉備，這一切總有與你總清算的時候——為你的貪婪與欺騙，你將付出應有的代價！

——孫仲謀的獨白

46. 荊州之爭

孫權再生氣，也知道眼下不是和劉備翻臉的時候，他們共同的敵人曹操雖然在赤壁吃了敗仗，可是並未改變咄咄逼人的擴張勢頭。建安十六年的秋天，曹操親征關中，討伐西涼軍閥馬超與韓遂。在渭水的對壘戰中，曹操巧妙地離間了馬超與韓遂之間的信任，大破西涼聯軍。素有關西鐵騎天下無敵之稱的馬超軍團土崩瓦解，於是曹操留下夏侯淵鎮守關中，自己則凱旋而歸，從容地將馬超的老父馬騰於建安十七年的夏天曝屍許昌的街頭。

「與曹操作對的人，哪怕勇猛於呂布、馬超，恐怕也難免一死吧！」目睹馬氏家族的滅門慘禍，天下人議論紛紛。

西方的威脅既然已經解除，曹操便再次將矛頭指向江東，這一會他選擇了江東的右翼作為自己的突破口——這一次的戰場在濡須口。

為了抵禦曹操，孫權把大本營從京口遷徙至秣陵，並改秣陵為建業，隨後修築了石頭城（南京市西北石頭山）。在石頭以北的長江水與濡須水（源出巢湖，東南注入長江）的交會處，孫權則建立起一個堅固的前沿基地，號稱濡須塢。

這是呂蒙的主意，一度還遭遇老將們的反對。

「我們的優勢是水戰，依靠戰船來去自由，何必多此一舉，浪費人力物力建造這個基地，搞不好反而成為曹操攻擊的目標！」

呂蒙辯解說：「正是因為水戰，所以才要建造船塢基地。否則一旦遭遇敵人騎兵突襲，我們連跳到水裡都來不及，怎麼還能上船？」

雙方的爭論很快在實戰中得以驗證。建安十七年的冬季，曹操果然南下，這會他動員的兵力號稱是四十萬，選擇的突破口正是濡須口。建安十八年的春天，曹兵已經攻陷濡須口的江西（長江以西）大營，生擒守將公孫陽。

就在江西大營陷落的同時，孫權抵達濡須口，他的兵力是七萬，悉數為水師。

「果然不出所料，我們苦心修建的濡須口船塢成了曹操的箭靶子！」

對於老將們的牢騷，孫權完全不以為然。恰恰相反，他認為實戰證明：呂蒙的建議是正確的，若非濡須口前沿工事的阻擋拖延，曹兵很可能已經越過此地，攻向石頭。

「公孫陽雖然被俘，曹兵的意圖卻已經暴露，我們只需守住濡須口，曹操便無法前進一步！」

第七章　盟友成敵

孫權的話聽上去胸有成竹，大小軍士聽了自然信心百倍，周郎已經不在了，魯肅是用來盯劉備的，濡須口這邊孫權打算自己來擋。

如果說當年的赤壁之戰是周郎當主角，孫權幕後支持。那麼這一次的濡須口之戰便是孫權自己當主角的大戲。僵持整整一個月之後，曹操終於發現眼前的孫權不好欺負，他由衷地感慨：「生子當如孫仲謀，如劉景升兒子，豚犬耳！」

轉眼已是暖春，長江上游的雪山正在融解，大水將至。孫權立在岸邊，瞭望北方的軍營，心想曹操多半要撤退了。

這天的早晨江面上正瀰漫著大霧，忽然間孫權玩心大起，下馬躍上一艘戰船，將士們發現是主公親臨，大吃一驚。

「不必慌張，孤只是想看看敵情而已！」

「主公要往何處去？」

「不要多問，向北便是！」

戰船駛到江心，孫權問：「船上有樂師麼？」

「沒有樂師，但是有鼓！」

「也好，把鼓敲打起來，動靜越大越好！」

此時戰船已經離開濡須口基地五、六里水路，雖然有霧，但是曹兵的軍旗已經依稀可見，如果此時打鼓，曹操的水軍一定會蜂湧而出，雖說水戰他們不在行，可是此刻孫權只有區區一條戰船而已，這不是自尋死路麼！

「主公！」

「休要囉嗦，叫你打鼓打便是！」

既然孫權這樣說，水兵們也只好硬著頭皮敲鼓，咚咚咚咚一陣亂響，曹營立刻有了動靜。

「曹兵會來麼？」

曹兵倒是沒有出來，可是霧中早已弓弩齊發，箭矢嗖嗖地射在船舷上，扎入了木板。

「主公，我們的戰船中箭太多，船身傾斜，恐怕有翻沉的危險。」

「這個容易，把船頭調轉，用另一側受箭便好！」

「這樣也行麼……」

依言行事的水軍將士果然調轉船頭，曹營的箭矢還真是不少，不多時這一側也滿滿地扎上了箭矢，箭均船平，孫權大笑，讓人取來紙筆，信手寫了一封簡訊，正文只有八個大字：「春水方生，公宜速去。」附一張小紙條，上寫八個小字：「足下不死，孤不得安。」

收信人是曹操。

「好了，也該我們回射他們一箭了。拔下一支箭，用他們的箭把書信綁上給我射回去！」孫權大笑，他似乎看到了曹操打開書信時驚愕的神情，你已經見識了孫仲謀的實力，一定會就此回去了吧！

不出孫權所料，曹操看了此信，才知道自己居然被晚輩孫權如此戲弄一番，身為亂世梟雄的他，此時也生出一股豪氣來：

「孫權果然有膽識，不愧為我的對手！他沒有騙我，春江水暖，我是該班師了。」

濡須口一戰的勝利大大鼓舞了孫權的鬥志，這是他平生第一次親自與曹操對敵並且將其擊退，對於三十而立的孫權而言意義重大，這意味著他已經可以不必憑藉任何力量（包括周瑜或是劉備）而應付強敵，這個發現讓他欣喜若狂。

一年之後，孫權再度出擊，他的目標是廬江郡的皖城，這個城池如今在曹操任命的廬江太守朱光治理之下，正忙著開荒屯田。呂蒙警告孫權，一旦皖城的稻子成熟，朱光必然會因此擴張自己的勢力，廬江便會成為插在江東背上的一把尖刀。

孫權最近越來越信任呂蒙這員福將，呂蒙推薦甘寧做攻城戰的先鋒，孫權一口答應。拂曉時分發起的突擊戰，到早餐時間便已經結束戰鬥。孫權大軍攻克皖城，一舉擒獲包括太守朱光在內的數萬守軍。等到曹操派出的援軍張遼等人出動，孫權已經凱旋而歸。

「真是風雷般迅速的戰鬥，這一戰全賴呂子明的謀劃與甘興霸的勇猛！」孫權對呂蒙和甘寧讚不絕口，想必這聲音會傳到陸口的魯肅耳中吧！

「聽說主公考慮用呂蒙替代魯肅，因為呂蒙近來的表現稱得上可圈可點，至於魯肅，面對荊州毫無作為，未免太窩囊了！」自然也會有這樣的軍中流言傳入魯肅的耳中，不論真偽，總之是令魯肅有些坐立不安。

對於呂蒙這個傳說中的競爭對手，魯肅本來頗有些不屑。可是眼瞧著他越來越紅，魯肅不得不鄭重地重新審視此人。他特地請呂蒙相聚酣飲，打算借這個機會好好摸摸這個人的底。

沒想到酒喝到一半，呂蒙來了個先下手為強，他藉著酒勁，居然質問起魯肅來了：「子敬兄肩上擔著江東的安危，與關羽為鄰，不知道有什麼對策應對突變？」

這時諸葛亮已經入川，關羽留守荊州，態度強橫，所以呂蒙有此一問。魯肅不太高興，畢竟自己是上司，資歷、地位都高於呂蒙，這樣毫無掩飾的質問，太沒有禮貌了。但是魯肅是個厚道人，他也不想跟呂蒙計較，於是他隨口答了一句：

「到時候再想辦法好了！」

隨隨便便的一句話，被呂蒙抓住了把柄：「如今東西兩邊雖然號稱是一家人，可是關羽這個傢伙卻是熊虎般的強人，怎麼能不事先預備對策呢？」

接著，呂蒙不顧魯肅的難堪，一五一十地將荊州的形勢分析一番。魯肅這才發現，原來這些年自己真的是落伍了，一直以來以荊州問題專家自居的魯肅，居然遠不如這個莽夫出身的呂蒙明瞭世事！

魯肅震撼了，他越席而起，一把攬住了呂蒙。

「呂子明，想不到你能說出這些話來！」魯肅太激動了，「我本來以為你只是有些武略而已，如今看來，你已經不是當日那個吳下阿蒙了！」

吳下阿蒙，是對呂蒙的一種戲謔稱呼，多少有影射呂蒙見識鄙陋、有勇無謀的意思在其中。可是如今魯肅眼中的呂蒙儼然文武雙全的將帥之才，難怪他要驚呼了！

換個角度說，呂蒙的進步，便是魯肅的退步。難怪孫權越來越喜歡呂蒙，而對魯肅越來越疏遠。

其實魯肅也覺得自己最近與主公孫權有些疏遠，當年合榻對飲、暢談天下藍圖彷彿已是如煙，就連赤壁大戰前宇下握手密議對策的記憶也有些模糊。魯肅自我反省，終於發現關係轉變的關鍵點正是「借荊州」！

「若是主公為了借荊州一事而疏遠我，我便想辦法把荊州討回來！」

仔細想想，是該把荊州要回來的時候了。就在孫權與曹操在濡須口大戰的當口，劉備已經在益州動手，他先是襲殺了劉璋的大將楊懷、高沛，接著又在雁橋戰役中擊斬益州第一名將張任。此後雖然龐統遇害，但是劉備卻徵調諸葛亮、張飛、趙雲等援軍入川，兩路夾攻成都，終於在建安十九年的秋天拿下了益州。

對於魯肅來說，龐統的死是個問題，他本指望鳳雛可以為自己牽針引線，在孫劉兩家之間從中斡旋。可是現在鳳雛隕落，他只能寄希望於臥龍了。臥龍的哥哥諸葛瑾不是在江東任職麼，就請他出面好了。

「當初玄德公身無處所，所以我家主公將荊州相借，如今玄德公已經得了益州，足以安頓部眾，就請還我荊州吧！」

諸葛瑾責無旁貸，唯有走這一趟。可是他也實在沒什麼辦法，到了益州之後，劉備只是敷衍了事，他的弟弟諸葛亮則一臉愛莫能助：

「你我雖是兄弟，可是侍奉兩個主公，我若幫你說話，一定會有人說閒話，指責我挾有私心，為了公私分明，對這件事我只能保持沉默。」

「可是如果孫劉兩家因為荊州而出現狀況，可就不是什麼私事了。兄弟你身為玄德公的軍師，難道所謂的公私分明就是坐視兩家關係惡化而不聞不問麼！」

「啊，事情已經這麼嚴重了麼？」諸葛亮打哈哈說，「兄長會不會多慮了。」

「事實只會更嚴重而已。」到了這個地步，諸葛瑾只能選擇強硬，「如若玄德公繼續拖延此事，恐怕江東對玄德公的反感將不可收拾！」

諸葛亮若有所思，片刻之後他終於答應為兄長向劉備進言。事情總算有所進展，諸葛瑾略微鬆了一口氣。

又等候了一日，諸葛亮回覆說：

「主公告訴我，荊州是一定要還給江東的，只是現在我方正在謀劃奪取涼州，等攻克涼州，就會將關雲長安置到涼州，到時候荊州全境都會歸入江東。」

諸葛瑾倒吸一口冷氣，這真是無賴的辯詞，即便劉備說的是真心話，涼州可不是孱弱的益州，猜想在三五年內沒有攻克的可能，這意味中劉備至少還要占據荊州三至五年，江東還能等這麼久麼？

更糟糕的是，劉備的話完全沒有誠意可言。當初說無地可居住所以才借給他荊州，如今拿下益州又說等涼州，真的到了那時候，劉備手握三個大州，勢力雄厚的他還會還荊州麼？

諸葛瑾明白了，這完全是在敷衍。他不能就此罷休，橫下一條心，諸葛瑾也耍起了無賴：「玄德公這是在戲弄在下，如此回去，諸葛瑾一定會被誅殺。既然如此，在下唯有拋棄官職與家小，逃入深山了。」

「兄長要逃入深山，莫不如在益州任職如何？」

「我若在此任職，留在江東的妻兒如何，孔明你這是要將大哥推入滅門之災……」

沒有辦法，諸葛亮只好再去與劉備交涉。兩日之後，通知諸葛瑾說，願意先把荊州的長沙、零陵、桂陽三個郡還給孫權，至於其餘各郡，等拿下涼州之後再議。

好歹有些收穫，總比一無所得好。諸葛瑾謝了兄弟，趕忙回江東向孫權稟告。

「劉備說等拿下涼州再還麼，哼，只是不想還，所以空口說白話拖延時間罷了！」孫權一聽就火了。

「雖然如此，經過交涉，他總算答應先還長沙、零陵、桂陽三郡。」

孫權沉吟半晌，這個交涉結果還算不錯，既然答應先還三郡，說明劉備還是有誠意的。也罷，暫且不與他囉嗦，收了這三郡再說好了。

當下通知魯肅，派遣三郡官員前去上任。

然而令諸葛瑾和孫權始料未及的是，江東所派出的官員居然未過邊境就讓凶神惡煞的關雲長給趕回來了。

「什麼交割三郡，我聞所未聞！」

這樣一來，孫權再也無法克制自己的怒火，不用再管什麼曹操，如今劉備就是江東最大的敵人，打打打，孫權的腦中唯有這個字眼。魯肅不願打，好，那就撇開他，找呂蒙來！

時為建安二十年，呂蒙帶著兩萬人的先遣部隊越過了孫、劉兩家的分治線，矛頭直指關羽統領下的荊州南部。

47. 裂縫難合

建安二十年的夏天，這是一個火爆的夏季，劉備與孫權看上去終於要撕破臉皮，大打出手。為了爭奪荊州，劉備特地從益州回來，抵達公安，指揮關羽與呂蒙的戰役。而江東這邊，孫權也親自進抵陸口，一貫主和的魯肅到了這時已經無法勸架，唯有披掛上陣，與關雲長對壘。

這時呂蒙已經輕鬆拿下長沙和桂陽，正在圍攻零陵郡，孫權急忙派特使通知：「劉備親自來了，子敬正與關羽對壘，前線吃緊，子明可暫且放棄零陵，回軍援助子敬！」

呂蒙正殺得性起，他已經為這一天等待了N年，哪裡肯輕易放棄即將到口的肥肉。但是零陵太守郝普堅守城池也不是一兩天可以拿下，呂蒙唯有用計。

第二天，一個叫做鄧玄之的人進入了零陵城，他是零陵太守郝普的老友。

「若是來做說客，就請回去吧！」

「我只是將實情相告故人而已。」

「什麼實情？」

「曹操已經南下，劉備為了爭奪險要，出兵漢中，結果棋錯一著，被夏侯淵圍困，這是其一；關羽本來是要來零陵救援的，可是他的兵被孫仲謀阻截在南郡一線，這是其二；江東的增援已經抵達零陵，呂蒙即將發起總攻，閣下自己考量城中兵力是否足以抵擋？這是其三。我的話說完了，這就告辭，這是其四！」

說完鄧玄之便要走，這時的郝普卻已經變了臉色，他拉住鄧玄之的手，表示願意投降。當他出城之時，就已等候在城外的呂蒙握著他的手，送他上船。寒暄幾句之後，呂蒙拿出一封書信給郝普看，這正是孫權寫給呂蒙的加急文書。郝普看了信，才知道劉備、關羽近在咫尺，羞愧難當。

「呂將軍真是不厚道啊！」

「兵者詭道也，你家主公不就是這方面的老手麼！」呂蒙哈哈大笑，他的心情實在很好。一個月內連取三郡，這是呂蒙入仕江東以來最完美的一次表演，完全搶奪了主將魯肅的風頭，也足以向主公孫權證明一點：劉備不可靠、關羽不可怕！

被搶戲的魯肅急於扳回一局，他決心與關羽會晤，透過談判解決此事。

「我們已經拿下三郡，目前還不是和劉備翻臉的時候！」

「已經打成這樣，還不算翻臉麼？」部屬們一致反對，「再說關雲長若是在會場將您扣留，我軍豈不是群龍無首？」

魯肅默唸，主公就在陸口，何況傳說中的接班人呂蒙不是已經來了麼！一貫溫厚的他斷然拒絕了眾將領的好意相勸，向關羽發出邀請函。會晤地點就在雙方戰列的中間空地，軍隊各自停留在百步之外，參與會晤的將領都只攜帶隨身佩刀。

「子敬單刀會關羽麼？」孫權聽聞此信也很是驚訝，這不像是魯肅的作風啊！

魯肅此時的心情，或許只有意見相左的呂蒙才能理解。江東諸將領中，魯肅是親劉派的代表性人物，孫劉關係走到這一步，最尷尬的人便是魯肅。當初力主把荊州借給劉備，一力維護孫劉兩家的聯盟，魯肅可謂苦心孤詣。可是事實卻是無論孫劉都不能理解他的良苦用心，劉備耍夠了無賴，關羽咄咄逼人，至於孫權這邊，少壯黷武派的聲浪也是一浪高過一浪，魯肅倍感兩邊的煎熬，內心的痛楚無人可以訴說。

「為什麼他們就不能理解維持聯盟的重要呢？」魯肅想，只要雙方都能稍稍退讓一步，劉備作出有意還荊州的友善姿態，孫權也不急著催促，事態便不會這麼嚴重。畢竟曹操還在北方虎視眈眈，他才是孫劉的大敵！

然而結果卻是誰也不肯吃虧，一心維護聯盟友好關係的魯肅倒弄了個裡外不是人——受盡夾板氣，眼看著把自己的前途也賠了進去，可是誰也不唸著他一點好！

「如若關雲長動手，就讓他一刀把我劈了也好，不妨是一種解脫！」魯肅想，「如若這樣死了也算殉國，孫權會好生照顧自己的子女。」

然而眼前的關羽卻絲毫不能體諒魯肅的心情，他的話只能讓魯肅更傷心。

「烏林之役，左將軍（劉備）也親自上了戰場，與周公瑾一起破敵，怎麼可以白白犧牲，得不到一塊土地？」

這是什麼混帳邏輯，魯肅暗罵，火燒赤壁之前，劉備為了保存實力，不知龜縮何處。等到大勢已定，才帶著幾個毛人出來搖旗吶喊而已。

「雲長錯了，當初我在長阪與劉豫州相見，劉豫州的兵寥寥無幾，連一校敵軍都抵擋不了。當時我聽劉豫州的意思，是打算逃亡遠方，哪裡還指望能重返荊州！是我們江東及時伸出援手，我家主公又憐憫劉豫州無家可歸，所以把荊州借給他，這是江東的恩賜。可是想不到劉豫州私心作祟，當初欺瞞孫瑜，不讓我們西征益州。如今獨自吞下了益州，又想占有荊州……」

說到這裡，魯肅忍不住譏諷劉備幾句：「一般人哪裡能做出這種缺德事，大概也只有你家玄德公這樣的領袖人物，呵呵呵……」

關羽不是粗野莽夫，他是夜讀春秋的關夫子，完全聽得懂魯肅的譏諷，他的臉本來就因為風吹日晒的關係有些發紅，如今更紅了，秋風習習，見慣了大場面的關羽居然說不出話來了。

「雲長公，方才所言，句句是魯肅的肺腑之言，請務必轉告劉豫州，告退！」

魯肅一甩袖子，走了。他知道關雲長一定會把自己的話轉告劉備，至於劉備聽後會怎麼想、怎麼做，不是他所能左右。魯肅的心意也已經決定了，如果劉備執意不肯退讓，那麼他魯肅也只好放棄自己的主張，從主和改為主戰。

單刀會不久，劉備從公安派來了使節，請求和解。

「之前是溝通上發生了一點小誤會。」

魯肅有些沾沾自喜，他以為是自己在單刀會上的話起了作用，其實他錯了，劉備之所以願意和解，只有一個原因，那就是曹操已經揮師進取漢中，劉備急著回去，所以這才妥協，與魯肅是一點關係沒有。

孫權依舊派出諸葛瑾主持談判事宜，最後議定的方案是以湘水為界兩分荊州，長沙、江夏、桂陽以東屬孫權，南郡、零陵、武陵以西屬劉備。

呂蒙對這個方案不滿意，根據方案，他不得不吐出已經攻克的零陵。軍中的少壯派紛紛指責諸葛瑾賣國：「分明我們占了上風，為何還要讓出已經取得的土地，諸葛子瑜一定是與他的兄弟孔明有所勾結，說不定還收受了劉備的好處。」

諸葛瑾很冤枉，他每次出使，與孔明只是在公開場合談公事而已，從不私下會晤，為了避嫌，他已經夠謹慎了，可是流言還是不放過他。

孫權其實也不開心，因為他要的是整個荊州，而不是兩郡、三郡。

只有魯肅滿心歡悅，因為孫劉聯盟又可以維繫下去，魯肅自以為這是目前最重要的事務，也是本人執掌兵權以來最大的成就。

48. 生死逍遙津

與劉備的荊州之爭暫時告一段落，孫權重新將目光投向江淮戰場。兩年前，曹操下令將淮河以南的百姓全部遷徙到淮北，結果引起淮南人的恐慌。西起廬江、東至廣陵，十餘萬人家全部渡江東投孫權，淮南一度出現了一個無人煙區域，只有皖城獨存。後來孫權又攻克皖城，把皖城百姓八萬多人遷徙到江東，於是整個淮南成了孫、曹勢力的真空隔離帶。越過整個隔離帶，便是曹操在江淮的重要據點合肥。

合肥城建於淝水之濱，《水經注》說：「淝水出九江成德縣廣陽鄉西，西北入芍陂。自芍陂上施水，則至合肥。」又說「夏水暴漲，施合於淝，故日合肥」。此城北通淮河，南達長江，可謂「淮右襟喉、江南唇齒」，曹操選擇合肥作為東線戰場的重要據點，正是看中了這一點。以攻防而論之，合肥地處淮南重地，既利屯田戍邊，又扼孫吳北取徐揚之路，是曹操東線的防禦重心所在；南控巢湖，遙望石頭，曹操隨時可以自淮河調水軍至巢湖集結整備，然後從濡須入長江，故為曹操東線的攻擊中轉站。

多年以來以及與將來，曹氏南下，則孫氏守濡須以拒；孫氏北上，曹氏守合肥以待。合肥、濡須成為曹孫交戰的要點，無可否認。而建安二十年的秋天，曹操大軍正在漢中，合肥城中，只有張遼、李典、樂進所率領的七千餘人而已。對於孫權而言，這是奪取合肥的最佳時機。

有情報表明：合肥城中，主將張遼與副將李典、樂進的關係很不融洽，其中原由，與當年周瑜、程普的不和頗有相通之處。原來張遼本是呂布的驍將，呂布覆亡之後才歸附曹操，屬於半路出家。而李典、樂進卻是老字號的曹家人，曹操捨棄李典、樂進而用張遼，難怪引起二人的不滿，加上張遼性格剛強，主、副之間發生矛盾也就可想而知了。

主帥遠在天邊、前線指揮官不和、兵力又少，如此看來拿下合肥可謂輕而易舉。孫權動員的兵力號稱十萬之多，鑾以為可以從容地吃下這個據點，可是意想不到的事情卻發生了。孫權的大軍剛抵達合肥城下，營盤尚未紮穩，便遭到曹兵的急襲。

「吾乃雁門人張遼是也！」

被甲持戟的張遼帶著不知多少人殺入孫權的軍陣，最快的騎兵已經突入孫權的本陣，來勢凶猛，孫權的左右頓時都慌了。

「主公，我們登上那個土坡。」谷利大喊，他是孫權的侍衛隊長。在數十名侍衛的簇擁下，孫權登上高地，這時他才明白本方吃虧在多為步兵，立足未穩，突然遭遇騎兵的衝擊，這才會一時亂了陣腳。

張遼這時已經衝到了高地之下，孫權的侍衛們豎起長戟，環繞著主公。張遼在馬上大喊：「來戰！來戰！」原來孫權居高臨下，張遼的騎兵衝不上來。

此刻孫權的慌亂情緒已經漸漸平息下來，他發現張遼的騎兵人數不多，大概只有數百人而已。他立刻讓谷利搖動軍旗，召喚附近的部隊來圍攻這夥冒失地入侵者。

凌統帶著一隊人馬旋即趕到，將張遼的八百騎兵圍了數重。

「那個姓張的快快投降！」

張遼揮舞著鐵戟，帶著數十騎殺出一條血路，奔合肥方向而去。孫權在高地上望見這員馳騁的馬將英姿，暗自讚嘆：果然騎戰是北方人的所長，下船步戰的江東水兵的機動性到底不如北方騎兵的來去如風。

這時但聞包圍圈中的張遼餘眾大聲號呼：「將軍棄我乎！」孫權暗笑，逃走的張遼難道還有膽回來麼？然而不多時塵土飛揚處，張遼果然又殺將回來。猝不及防的江東步兵遭遇來自背後的突擊，披靡潰散，立刻被扯開了一個口子。

此刻已經是日中時分，日光照耀著騎兵的盔甲絢爛奪目，張遼帶著數百騎兵疾馳而去，徒步的吳人無法追逐，只能望而興嘆。這一仗打得太窩囊了，整個江東陣營為之士氣低落。

「敵人的優勢只是在於騎兵而已，一旦進入攻城階段，他們的騎射便無用武之地了！」孫權如此安慰眾將領，可是士氣始終不能振作。這也難怪，剛一來就被打了一悶棍，誰不得懵一陣子。

第七章　盟友成敵

此後的攻城作戰猶如一場劇情拖沓而乏味的電視劇，江東軍團連續圍攻十餘日，毫無進展，只是白白犧牲而已。

「久攻不下，軍中又開始流行疾疫，我建議撤退！」就連呂蒙也如此說，可見軍心真的低落。孫權也只能同意。

但是孫權不甘心，他始終想不明白自己為什麼會鎩羽於此，他下令大部隊先行撤退，自己則與呂蒙、蔣欽、凌統及甘寧等人率車下虎士千餘人斷後。

行至合肥城東的一個渡口，此處名為逍遙津，孫權停留在北岸，大軍已經通過橋梁南下，孫仲謀卻意猶未盡地回顧合肥城的影子⋯⋯

「難道這樣就做罷了嗎？號稱十萬大軍卻攻不下一個區區數千人的城池，傳到劉備耳中，一定會成為笑談吧。」

孫權的眼中，不僅有合肥城的影子，還有張遼的影子。然而實際上並不是影子，而是真真切切的敵兵，張遼、李典、樂出發現逍遙津北岸有少數的江東軍士與大部隊脫離，於是傾巢而出。

「快把大軍喚回來！」

「已經來不及了，敵軍就在眼前！」

馬蹄聲急，孫權發現自己已經被北軍三面包圍，剩下的一面便是湍急的河水。他的身邊，是凌統、蔣欽、潘璋、谷利等三四百人，左翼是甘寧、呂蒙，右翼是陳武、宋謙、徐盛，將領倒是不少，可是他們的部下都不足百人。

「只有背水一戰了！」甘寧挽起長弓，一箭射中最近的騎兵，那騎兵翻身落馬。甘寧大喝一聲，卻感覺少了什麼，原來是士兵的歡呼之聲太少太弱了。

甘寧的背後，是一支小小的鼓吹隊伍，他們本是非作戰人員，看到如今危急的情勢，不覺都驚呆了一動不動，甘寧大喊：「為什麼不打鼓？」

這個時候，打鼓是為了壯膽吧！無論如何，這支小小的鼓吹隊伍唯有盡自己的職責，鼓吹齊作，士兵的士氣為之一振，可是孫權環顧身邊寥寥的將士，實在是淒涼啊！

我將命喪於此麼！

最危急的戰況發生於右翼，陳武、宋謙、徐盛的陣容很快被張遼鐵騎突破，「陳武陣亡了！」

孫權感到心痛，陳武字子烈，廬江松滋人，比孫權年長六歲，是大哥孫策的愛將。初任別部司馬，赤壁大戰後因為軍功卓著提拔為偏將軍。身高七尺七寸的陳武在普遍不高的江東群將中鶴立雞群，或許正是這一點引起了北軍的注意，遭到張遼的重點攻擊。

實際上孫權已經沒有時間悲傷，此次出征以來最大的危機即將降臨到了孫仲謀的頭上。陳武的死令右翼崩潰，徐盛在肉搏中失去了自己的長矛，只能拔出佩劍且戰且退，宋謙也潰敗下來，張遼在馬上揮舞著長戟大喊：

「活捉孫權！」

然而張遼並不認識孫權，機敏的谷利早已經命掌旗官捲起了孫權的主旗，這是一場混戰，凌統甚至殺掉了兩名本方士兵，這是宋謙的部下，被殺的時候他們正在拔腿向河邊狂奔。

「不要後退，殺出去才有活路！」

凌統瞪著血紅的眼珠子大喊，事實上他的部下已經差不多死光了。混戰中凌統發現了孫權，他正在射殺不遠處的敵軍，射術頗為精準的他很快引起了張遼的注意，張遼策馬向孫仲謀這邊衝來，可是蔣欽和潘璋纏住了他。

「北佬，你想逃走嗎？」

「笑話，我要把你們全部殲滅於此！」

「像你這種無名之輩，在我們江東只配在底艙做划船的槳手！」

「豈有此理，我乃赫赫有名的雁門張遼！」

「什麼張遼，若是張子布的親戚，我可以放你一馬！」

就在此時，凌統和谷利已經掩護孫權來到了逍遙津橋邊，「主公，你自己過去吧！我回去幫蔣欽一把！」凌統轉身又殺入重圍。孫權暗自叫苦，原來逍遙津橋已經被張遼的部下橋上的木板已經被張遼事先拆掉了一丈多長，根本無法過河。河面看上去寬一丈有餘，如何過得去？

「主公，沒有時間了。」谷利說，「跳過去吧！」

河對岸有賀齊的三千步兵，到了對岸就安全了。孫權到了這個時候，唯有咬咬牙，按住馬鞍，緩緩後退了幾步，突然一揮馬鞭，縱馬向前急衝。

前方便是斷橋，孫權抱住馬頭：「跳啊！」

想不到孫仲謀的性命居然決定在了這匹畜生身上！

當馬蹄落在津南的土地上時，孫權輕舒了一口氣，這時賀齊拍馬迎上來，有人拉住了孫權的馬轡頭。孫權回望津北，甘寧、淩統他們還在與張遼廝殺呢！

「快找船把他們接回來！」

又鏖戰了半個時辰，船終於回來了，賀齊帶著他的三千兵渡過逍遙津，這才擊退了張遼、樂進等的突擊，將甘寧等一班人接回來，陳武的屍體也找到了，唯獨不見淩統。

「我看見淩統殺進了敵陣，他也陣亡了。」

「胡說，陣亡的話怎麼不見屍體，是被北軍生擒了。」

這時有一個人頭從河邊的淺水區冒出來，披著溼漉漉的戰衣，登上了船頭，此人正是淩統。

這是今天孫權最大的驚喜吧！然而見到孫權的淩統卻嚎啕大哭，原來他的部下全部陣亡，沒有一個倖存者，淩統也只是因為披甲潛水也得以活下來。

孫權大慟，這一切都是因為自己輕敵躁動的緣故，他不顧君侯的尊嚴，抱住溼漉漉的淩統，為他擦去眼中的淚水。

「公績，亡者已矣，苟使卿在，何患無人。」

回到江東之後，孫權提拔淩統做了偏將軍，把他的部屬人數增加了一倍。至於力戰有功的蔣欽、潘璋等人也各有封賞。在此戰中陣亡的陳武則以國禮落葬，孫權親自參加葬禮，陳武的兩個兒子，後來都得到了重用。

而在張遼這邊，事後張遼問幾個降兵：「方才廝殺時有一個紫髯將軍，長上短下，便馬善射，是誰？」降卒答曰：「是孫會稽（孫權）。」張遼大為懊惱，要是早知道此人就是孫權，何必跟蔣欽和潘璋之類纏鬥，這可是擒獲敵酋的不世之功啊！

49. 陸遜之思

逍遙津、張遼……

對於孫權來說，這真是糟糕透頂的戰爭經歷，好不容易在赤壁、濡須一系列戰役之後建立起來的自信如今在逍遙津如紙糊一般倒塌崩潰了。孫權感到自己如項霸王一般無顏見江東父老，號稱十萬大軍居然打不下七千人據守的合肥，更險些喪命，犧牲了陳武等一班將士。

曾經一度孫權以統軍之才自居，正如當年父親孫堅和兄長孫策都是領兵親征，更身先士卒、衝鋒陷陣，孫權以為自己也可以這樣，但是現在，經歷了逍遙津之後，孫權痛苦地發現：原來自己確實與父兄不同，孫仲謀不是那塊料。

當年孫堅曾刀劈華雄，孫策曾酣戰太史慈，傳為軍中的佳話傳奇，如今孫權遇上張遼卻只能落荒而逃，全靠部下的犧牲才得以倖存。

孫權為此感到自卑、恐慌、茫然，這種似曾相識的感覺曾經在兄長死後的若干年時間內籠罩他的人生。只是在殲滅黃祖和赤壁大戰後才漸漸消除，然而如今這感覺又回來了。

孫權很想找人談談，通常遇到這種情況他會想到張昭、周瑜或是魯肅，然而這幾年他和張昭越來越疏遠，至於周瑜已經死了，於是唯有魯肅……

然而這時魯肅已經病了，而且病得不輕。孫權所能做的，是把江東最好的醫生派去陸口，為魯肅醫治。

子敬為什麼會病得如此嚴重，也許是為了國事太過操勞，這個時候孫仲謀又怎麼忍心去打擾一位病人呢？

這時賀齊覲見，他是來報告軍情的。原來鄱陽有一個叫做尤突的人戴著據說是曹操頒發的印綬，在本郡掀起了一場暴亂，陵陽、始安、涇縣等好幾個縣都有人起兵響應，看來是蓄謀已久。

「呵呵，原來曹孟德已經將魔爪伸向了我的後方。」孫權說，「那麼就勞煩賀將軍走一趟吧！」

「這一次合肥之戰，我的部下也傷亡不小，所以請主公派一支生力軍給我。」

是啊，賀齊的兵也不多了。可是哪裡還有什麼生力軍？孫權想：江東的軍隊，四成在魯肅指揮的西線，四成在孫權自己手裡，東線備用，還有兩成駐紮在交州南線，此外還有一些零碎武裝分駐內地提防山越，除了這些，還有什麼生力軍？

看出孫權的茫然，賀齊謹慎地提醒說：「陸議如何，他在海昌一邊屯田、一邊招募流民當兵，聽說已經有了兩千餘人。」

原來他是惦記上了陸伯言那點家底。也罷，陸議已經離開孫權幕府七、八年光景了，當初出幕去海昌的時候，孫權對他說：

「伯言，在海昌好好做，不出三年，哦，最多五年，我一定會把你召回來重用！」

「在下以為，出任海昌屯田都尉已經算是重用了吧？」

「不，那只是小小的嘗試而已。」

轉眼之間七、八年已經過去了，未能重返幕府、在海昌也毫無立功升遷機會的陸議會不會怨恨孫權未能守信呢？孫權心中暗道：抱歉，伯言！

於是孫權爽快地答應了賀齊的請求。不久便傳來了兩人合作平定尤突之亂的捷報，孫權給賀齊的獎賞是安東將軍、山陰侯，給陸議則是定威校尉的軍職。

賀齊報告說：這一次不但平定了叛黨，並且招降了大批敵軍，淘汰老弱之後，足足有八千精兵加入江東軍團，而這多虧陸議的招撫之功，鄱陽、丹楊一帶的人似乎對他很有好感。

「你是說陸議在內地很得人心麼？」

「不錯，記得當年陸康也是因為德政而深受廬江人的愛戴，陸議身為吳郡陸氏的後人，想來也繼承了這種傳統。」

雖然陸氏因為與孫氏的廬江之戰而倍受元老們的猜忌，可是私底下人們對陸康的後裔還是很尊重，尤其是江東本地人以及曾經受過陸康恩惠的廬江人。

這種尊重與憑藉武力而得來的所謂敬畏不同，孫權心想這大概正是孫氏政權目前在江東所缺乏的東西，所以曹操才能屢次在江東內部掀起內亂吧。

雖然孫氏家族本身是江東人氏，可是張昭、周瑜、魯肅等重臣都是江北人氏，所以江東人會有「孫氏是外來勢力」的想法吧！

當初吸納陸議進入自己的幕府，孫權就是抱著這樣的想法。然而舊人們對陸議的排擠比他想像得還要嚴重。

「陸議心中還記著盧江公（陸康）被殺害的遺恨，之所以願意入幕，只是為了取得兵權而已。一旦取得兵權之後，他一定會為盧江公報仇的。」

這種想法，在孫權內心深處也有陰影的存在。他明白復仇的心態是這麼一回事，當初他也是如此仇恨黃祖。然而在孫權看來，其實殺害盧江公的並非是兄長孫策，而是袁術，孫策只是充當了袁術的打手而已。

如果有人持刀殺人，罪魁禍首是人而不是他手中的刀。孫策當時正是袁術手中的刀，身為袁術收留的孤兒，孫策不可能違背袁術的命令。

不過，陸議是否能理解這一點呢？孫權的心裡沒譜。把兵權交給這樣一個與孫氏家族關係微妙的人，確實很難保證不會出事。或許，這也正是陸議被外放海昌冷落數年的真實原因。

然而，有什麼辦法可以徹底改變陸氏與孫氏的這種尷尬呢？

第七章　盟友成敵

「陸校尉為何不隨賀將軍一起到石頭城來見孤？」

按照江東內部的慣例，正式戰報是由主將向孫權面稟或是派信使書面呈報，然而為了表明自己的功勳，副將通常也會跟隨主將前來。私底下而言，這是為了防止主將將全部功勳占為己有。

可是陸議並沒有跟隨賀齊前來，戰事結束之後，他便返回自己的駐地。這是什麼原因呢？

「其實是陸校尉曾告假在先，所以……」

「哦，陸伯言生病了麼？」

「不是陸伯言本人，而是他的夫人難產去世，據說生下的兒子也沒能養活，幾日後便夭折了！」

原來如此，孫權微微閉上雙目，分娩對於古人而言，確實是女子的難關。陸議痛失愛妻與幼子，想必會極度悲傷吧！不過這個消息對於孫權來說，會不會是一個巧妙地轉機呢？

50. 孫策遺孤

孫尚香、陸伯言……

孫權為自己的奇想而感到驚訝，為什麼會把這兩人連繫在一起呢？誠然，這兩人的年歲倒是很般配，可是孫尚香畢竟在名義上還是劉備的妻子。

從益州來的消息說，劉備已經娶了吳懿的妹妹做夫人，毫無接孫尚香回去的意思。

「他果然是不喜歡我的妹妹，妹子與他夫妻一場，在他眼中可能不過煙雲而已。」

雖然如此，孫尚香還是不可能嫁給陸伯言，因為一旦妹子下嫁，陸伯言便是孫權的妹夫，這個地位太重，老臣們絕不會答應，孫權自己也難以接受。

可憐的尚香，注定要悲傷地度過餘生……

那麼，還有其他的人選麼？

孫權自己的女兒大虎尚在牙牙學語，可是已經許配給了周瑜的兒子。倒是兄長孫策的女兒們，一個個已經亭亭玉立，其中老大已經到了及笄的年紀。

把大哥的女兒嫁給陸伯言，足以化解兩家的尷尬，也解除陸議心中的雜念，更可以打消

第七章　盟友成敵

孫權對陸議的疑慮，如此巧妙地安排，恐怕也只有孫仲謀想得出吧！

「把舒兒叫來吧！」

孫權吩咐他的愛姬步夫人安排此事，舒兒正是孫策的長女，當初父親出征暴亡，孫策與家人流落舒城，多虧周瑜家送他們一套宅院，這才得以安居。孫策為了紀念這段難忘的歲月，所以給他的長女起名為孫舒城，家人一般都叫她舒兒。

「舒兒已經二十了吧？」看著眼前的姪女，她的確是一個美麗的女孩，可是又不是纖弱的那種女子。孫權暗自感傷，她的臉上有大哥孫策的五官，眉目間又有孫尚香似的神采，這種相似令孫權很自然地聯想起孫策的早亡和尚香的不幸。

希望這一樁婚姻不會成為悲劇。儘管也是政治聯姻，可是對象是身為臣屬而又有儒雅之風的陸伯言，結局應該會好一些吧！

「女大當嫁，因為大哥去世太早的緣故，所以我把舒兒當做自己的女兒一樣看待。」孫權一提起孫策，舒城便低下了臉，黯然神傷，父親在丹徒遇刺的時候，她不過才四、五歲，然而喪父的痛苦記憶從未模糊。

「所以一直想為舒兒找一個匹配的好男兒，只是連年的戰亂，居然耽擱至今，令我愧對兄長。好在現在終於有了合適的人選……」孫權沉吟了一下，說道，「這個人就是定威校尉陸伯言。」

孫權感覺自己的態度很誠懇，可是說的全然是謊言，三十多歲的喪偶男子、又與本家關係微妙，這樣的男子會是合適的人選麼？冠冕堂皇地說是為了舒城的幸福考慮，可是實際上不過是出於政治的考量罷了。孫權深深體會到身為掌權者的自私與虛偽，劉玄德如此，孫仲謀也不能例外。

孫舒城默然，陸伯言是一個完全陌生的名字，但是這有什麼關係？無論如何，身為女子都難以挑選自己的夫君。一心想嫁給英雄的姑姑嫁給了荊州的劉玄德，結果悲傷憔悴的回來了，到現在也不肯出房門，只是看著庭院發呆而已。

偶爾孫舒城會和兩個妹妹去找姑姑玩，對於姪女們的訪問，孫尚香是不會拒絕的，甚至還會難得地露出一絲笑容，說一兩句話。

「真好啊，你們這些小丫頭片子！」

大概看著姪女們，孫尚香就想起了往事吧。孫舒城即將出嫁的陸伯言，會不會比劉玄德更好些呢？

第七章　盟友成敵

可是反過來而言，陸家也在為即將到來的新娘而煩惱吧。

擔當媒人角色的吳郡太守朱治與左司馬顧雍抵達海昌之時，尚未從亡妻和喪子之痛覺醒過來的陸議完全陷入了困惑。

迎娶孫策長女為妻，這不是開玩笑吧！

「無論你這麼想，這起婚姻並非你陸伯言的私事，而是關係到整個江東安危的公事。」顧雍是陸議的老朋友了，可是他的話只會增加伯言的困惑而已。

「元嘆，我剛剛喪偶，還沒有續絃的心思。再說這怎麼會是關係到整個江東安危的公事？你的話未免太過誇張。」

「伯言，以你的睿智，為何在這件事上失察了呢？主公把兄長的女兒嫁給你，正是江東整合的第一步。」

顧雍也是江東本土的士大夫，在他看來，出身會稽富春的孫氏家族依靠軍事起家，第一代孫堅長年征戰北方，他的部下多為北方人，所以當初孫堅的目標也是逐鹿中原而非經略江東。只是作戰不利，才退而求其次轉向荊州，結果喪命於峴山。

到了孫策這一代，孫氏的目標開始從中原轉向江東，孫策在舅父吳景及一班老將的輔助之下，以江淮人為骨幹組成了一支強大的軍團，渡江連下數郡，成就了江東霸業。然而孫策的夢想依舊是奔向中原。官渡之戰，孫策不顧江東內部不穩，有出兵北上的強烈意圖，倉促間死於丹徒。

孫權接班之後，孫氏家族終於意識到保守江東才是第一要務，安定之後才能對外擴張。而要謀求江東的穩固，就必須與江東的本土士族取得和解。在吳郡四大姓中，陸氏與大漢帝國的連繫最為密切，自陸康死後，雖然陸氏家族出現中落的跡象，可是繞開陸氏依舊無法取得江東之心，仍然是人們的共識。

江東是一個家族社會，取得族長的支持便等同於取得族人的支持，取得江東大族的支持等同於取得江東整體的支持。若能實現孫、陸兩家的聯姻，江東的統治者便與他所統治的江東人民發生了最密切的關係，

所以，顧雍認為：這是關係到整個江東安危的公事，而不僅僅是陸伯言與孫舒城的結合而已。

「這就是亂世，沒有人可以置身事外。雖然感覺可悲，可是我們必須克服這些悲傷的情緒而接受事實，也就是說：陸伯言你必須接納這一切，包括婚姻之事的安排。」

陸議不是傻子，他知道顧雍的話有理。孫權已經提出聯姻的意向，身為臣下的他不能拒

絕，一旦拒絕便有可能招致殺身之禍，如果只是個人的犧牲也就罷了，事實上整個家族都會遭遇滅頂之災。

以這個時代的常識而言，個人的情感與家族利益相比實在是太過渺小。撇開所謂春秋大義，家族的重要甚至超越了國家與王朝。自古以來，多少王朝興亡，這江東的土地上，先後興起姬姓的吳國與姒姓的越國，然後是被羋姓的楚國征服，而後是嬴姓的秦、劉姓的漢，到如今，吳國在哪裡，越國在哪裡，楚國在哪裡，秦朝又在哪裡，就連光芒萬丈、綿延四百年的大漢王朝也在黯淡消亡，所謂自古無不亡之國正是這個道理。

然而家族卻可以超越王朝的興亡而生存。就以陸家而言，最早出自中原的陳國，陳國衰亡之際，公子陳完北上齊國，成了齊桓公的大臣，漸漸成為齊國的田氏，到了戰國時代，田通以公子的身分受封於陸鄉，開創陸氏家族的先聲。經歷秦漢，南下江東，成為南國的大族。千年的歲月如風而過，從陳氏到田氏最終到江東陸氏，家族綿延至今，血脈連續至今，這便是家族的生命力。

誠如顧雍所言，無論陸伯言本人願意與否，他都必須接受這次聯姻。

51. 新娘匕首

孫舒城強忍著淚水。

身為即將出嫁的新娘子，她應該哭泣告別自己的娘家。可是孫舒城卻硬是一滴眼淚都不流下來。

不知是誰多嘴，孫舒城完全了解了即將下嫁的陸家與本家的微妙關係。

祖父孫堅曾經有恩於陸家，出兵救援陸家的子孫。可是父親孫策卻與陸家結怨，奉袁術的命令圍攻廬江太守陸康，那一戰的結果是陸氏宗族百餘人死者過半，十二歲的陸伯言也就是她即將下嫁的夫君成了族長。

父親孫策時代晚期以及叔父孫權接管江東之後，陸氏與孫氏的關係逐漸解凍，陸康的兒子陸績早在孫策時代便已經成為座上賓客，甚至大膽地駁斥張昭的見解。陸伯言本人則在孫權時代入幕，成為孫氏的臣子。如今他已經擁有兩千人以上的武裝，位居定威校尉，是孫權眼中的未來之星。

陸伯言於去年喪妻，他的幼子陸延隨即夭折。孫權看中了這個空隙，將孫舒城推入陸家做媳婦。其實孫舒城成了一個人質，孫權藉此表示對陸氏的籠絡，而陸氏也透過接納孫舒城表示對孫氏權威的認可與服從。

然而還有更可怕的流言：「陸伯言內心隱藏復仇的念頭，委曲求全只是為了取得兵權，將來他一定會向孫氏報仇。」

如果這個流言是真，孫舒城必將成為家族仇恨可悲的犧牲，猶如她的姑姑孫尚香。

然而無論如何，孫舒城都要面對這一切。所以從現在開始，她暗自下定決心要堅強起來。

與孫舒城相比，她的兩個妹妹要幸運得多，二妹下嫁顧家，小妹則下嫁朱家。不用多言，這是孫權籠絡江東本土士族的重要策略，四大姓中，顧、陸、朱都與孫氏成了親家。

不過，身為女子，總是希望自己的夫君會是一個了不起的人物、並且對自己體貼入微。

當陸伯言的目光投向自己，孫舒城的身體微微顫抖。她大膽地抬起頭看自己的新郎，這是不符合禮法的舉動，作為新娘子，她本該羞澀地低著頭。

至少從第一眼看來，陸伯言不是那種令人討厭的傢伙。他濃眉大眼、秀氣的臉上洋溢著書生意氣，皮膚就男人而言算是白皙的，至於個頭就江東人而言也算是高挑的。

然而大概是因為十二歲就擔起族長的重任，陸伯言看上去老成沉重而帶著一絲憂鬱的眼神，面部表情不自然地做出緩和的樣子，可是卻飽含著心事重重的謹慎與警惕。這不該是新郎官的表情，可是孫舒城從未見過別的新郎官，也就無從察覺。

此刻在陸伯言眼中的新娘子又是如何呢？

誠然，富春孫氏以俊美的樣貌而聞名江東，眼前這位孫舒城，與名門望族那種不出門戶、纖弱無力的小姐相比，更擁有一種健康的美，如果把那些小姐比作江南屋簷下棲息的燕雀，這麼這位孫家的女兒便猶如碧空中矯健的大雁。

然而在陸伯言的眼中，他的妻子無疑是繼承了乃父的俊朗，其實他從未見過孫策，可是下意識裡，他卻分明在妻子明亮的雙眸中赫然發現有孫策的影子。

一聲嘆息，陸伯言起身離去。新房中只剩下孫舒城寂然的孤影，她的心一沉，難道自己將重蹈姑姑的覆轍。

此後一連三天都是如此，陸伯言會來看她，說一些言不由衷的客套話，然後找藉口溜走。藉口通常是公務繁忙、軍情緊急之類。

孫舒城冷冷地看著這一切，彷彿自己是一個旁觀者。陸伯言以如此拙劣的託辭來掩飾他對這場婚姻的抗拒，無非是算準了新人害羞的心理。

「新娘子不會馬上去向他的叔父告狀吧！」

可是這樣的藉口能維持多久？三五天、十天、一旬、一月甚至一年，陸伯言鐵了心做這樣的準備麼？

其實，孫舒城的冷靜已經令陸伯言刮目相看，他本以為她會哭鬧，可是她不，她很能克制自己的情緒。

「這個女子不簡單！」

第四個晚上，當陸伯言準備找藉口離開時，孫舒城突然說話了。

「請夫君看樣物件之後再走吧！」

陸伯言有些尷尬，他木然地看著妻子取出一個小小的匣子，那應該是個首飾盒子。可是當孫舒城打開匣子，陸伯言愕然發現那是一柄小小的匕首。

孫舒城注視著陸伯言的反應，當初孫尚香那些佩劍持刀的婢女曾經讓久經沙場的劉玄德嚇得魂不附體，而如今陸伯言看著妻子匣子裡的匕首卻從容自若。

其實這把匕首正是姑姑孫尚香送給她的禮物。

「如果他對你不好，就用匕首刺入他的胸膛！」孫尚香說，「當初我出嫁到荊州，也帶著這樣物件。」

當孫尚香如是說時，孫舒城暗想：「為何你不用這匕首刺入劉備的胸膛呢？」

孫尚香說：「你是不是在想，當初為何姑姑不用這匕首刺入劉玄德的胸膛？」

其實孫尚香真有這樣想過，尤其是她越來越發現劉備對自己的冷淡與決絕，然而每每拿出匣子，她又會猶豫不決，直到劉備棄她於荊州獨自入川，她才明白：劉備真的是不喜歡她，豈止是不喜歡，簡直視她如瘟神避之不及。可就是這樣，假如劉備再度出現在她的面前，她還是會不忍打開那個匣子。

是什麼讓孫尚香猶豫不決、不忍對劉備下手呢？孫尚香說不明白，也許孫舒城自己不久就會體會至深，那是男女之間一種特別而莫名的情愫。

孫尚香的悲劇在於：在她與劉備之間，這種情愫只發生在了孫尚香的身上，而劉備沒有。對於孫尚香，劉備大概只有害怕和戒備。正是因為這個緣故，所以在西征益州前夕，劉備高興而決絕地離開了孫尚香，而孫尚香卻不能同樣決絕地對待劉備。

而此刻，孫舒城的面前，卻亮出了孫尚香始終沒有派上用場的匕首。

孫舒城凝視著陸伯言，這個書生模樣的傢伙在妻子的首飾匣子裡見到這樣的利刃，倒是沒有驚慌失措、大喊大叫，也沒有逃走，而是從容自若，好似有所預見一般。

慢慢的，陸伯言的臉上露出了譏諷意味的笑容：

「原來富春孫氏的女兒就是這樣來做我的妻子。」陸伯言說，「那麼，你準備拿這小小的東西做什麼呢？」

孫舒城的心怦怦亂跳，我到這裡是來做陸伯言的妻子，而不是叔父的棋子，我不要像姑姑那樣被丈夫遺棄在孤冷的城池裡，然而，成敗就在此一舉了！

從匣子裡提起了姑姑的匕首，孫舒城感覺自己快要暈倒了。

52. 世事無常

令陸伯言吃驚的是：孫舒城慢慢地倒轉了匕首所向，指著她自己的心窩。

陸伯言本以為這是孫權的意旨，如若陸氏心中仍有遺恨，就刺殺之。所謂的新娘子，其實就是一個溫柔的刺客。然而此時孫舒城的匕首卻指向了她自己。

「廬江的事，我雖然不清楚，可是大致已經聽說了。雖然父親只是奉命行事，罪魁禍首乃是已死的袁術，可是陸家在廬江一役中死了那麼多長輩，想來這仇恨也很難用一句話就能消除……」

陸伯言默然，不錯，這正是這場聯姻的死結所在。孫仲謀大概想透過聯姻打開這死結，可是身為後輩的陸伯言實在很難諒解。

廬江之難的痛苦記憶，不但他記得，陸康的兒子陸績也記得，陸門的每一個子孫都深深地銘刻在心。

撇開情感不言，廬江之難其實是忠漢派陸康與心懷逆謀的袁術之較量，陸氏的死難者是在殉國，為大漢而死。而孫策最初是袁術的部將，站在逆謀者幫凶的立場；而後在袁術正式打出稱帝旗號之時，孫策卻又毅然脫離袁術陣營，站在了忠漢派的立場之上，為此朝廷賜予他吳侯的爵位表示認可。也正是因為這個原因，一度成仇的陸、孫兩家此刻便站在了同一個陣營即所謂的「忠漢派」。身為陸康之子的陸績便曾做過孫策的座下賓，孫策死後，陸議也加入了孫權的幕府。

然而孫、陸兩家之間的嫌疑並未就此消除。孫氏舊將對陸氏報以猜忌懷疑的態度，而陸氏也在孫權陣營中若即若離，游離於主流派之外。

嫌疑未除，孫舒城便以伯言妻子的身分進入陸門。此刻，她握著姑姑孫尚香的匕首對著自己的心窩：「叔父把我嫁到這裡來，無非是為了消解兩家的舊怨。以我的血來祭奠廬江之難的死者，應該也足以安慰陸門的亡靈了吧！」

微微閉上雙目，孫舒城一副大義凜然的樣子。

孫舒城說的不無道理，她是孫策的女兒，她的血完全可以了結兩家的恩怨。然而，陸伯言豈能看著她如此自刎而死。

廬江公（陸康）曾經說過：所謂人世，有三種階段，一為治世，或曰盛世，譬如文景之治、光武中興那樣的年代；二為衰世，或者說是濁世，譬如桓、靈之世那樣是非不分、貪汙腐敗的年代；三為亂世，人人相食，便是當下的時代。

人人渴望太平盛世，然而盛世不是坐等可致。身處亂世，卻有渴望盛世的願望，就要拋棄亂世的心態。所謂亂世的心態又是什麼呢？那就是自暴自棄、人人相食，認為既然已經是亂世了，大家都是得過且過，於是互相殺戮，踐踏公義，唯強者存活。

從董卓、袁紹發端，此後曹操、呂布、陶謙、袁術、劉備……互相爭奪、彼此仇殺，爭奪地盤，中原為之塗炭。遙遠的江東儼然成了一片樂土，北方的士紳百姓絡繹南下，此時，若有一位強而有力的領袖能夠把江東團結起來，以渴望盛世的願望，在江東的土地上建設一個亂世中的治世之國，這便是廬江公（陸康）的答案。

當年，陸康曾經在廬江建設起這樣一個小小的世外桃源，可惜廬江太小太弱，在亂世中難以存活。數年之後，一個風雲兒橫掃江東，然而令陸伯言無奈的是：這風雲兒居然是孫策。

此時，眼前正是孫策的女兒，然而已經是他的妻子。陸伯言伸出手，握住了孫舒城手中的匕首。他已經完全理解她的用意。

這世上，能有什麼比夫妻相知更可貴！她是孫伯符的女兒，更是陸伯言的妻子。把家族怨恨歸罪於一個女子，那是廬江公不能原諒的可恥作為。

「隨我來！」

陸伯言引領孫舒城穿過長廊，前面是陸氏的家廟。

陸伯言推開家廟的門，孫舒城目光所及，是吳郡陸氏的歷代祖先，從漢初的陸賈一直到漢末的廬江公陸康。

陸伯言挽起孫舒城的衣袖，露出妻子潔白的手臂，他揮起匕首，在這白皙的肌膚上劃了一道口子，孫舒城的血一滴滴地流淌下來。隨即陸伯言手中的匕首刺向了自己的手臂，鮮紅的血與孫舒城的血交融會合在一起，淌在祭器中。

孫舒城再也難以掩飾內心波動，淚珠大顆地從眼中滾落，身體在寒冷的家廟中顫抖。她下意識地向陸伯言靠近，這一刻他沒有拒絕。

這溫暖的懷抱，姑姑從未得到這樣真實而溫暖的擁抱，而我孫舒城得到了，在這冰冷無情的亂世，這是多麼不易！

寂冷的夜，遠在吳郡的姑姑孫尚香輾轉反側難以入眠，她是否聽見了姪女孫舒城低低的啜泣之聲，然而這是喜悅的啜泣之聲。

千里之外，陸口的魯肅大營，此時傳出了哀號之聲，年僅四十六歲的漢昌太守、橫江將軍魯肅因病去世。

對於江東而言，赤壁的英雄周瑜、魯肅都已經成為永遠的記憶，一個舊時代過去了，一個新時代即將來臨，誰將是這個新時代的英雄？

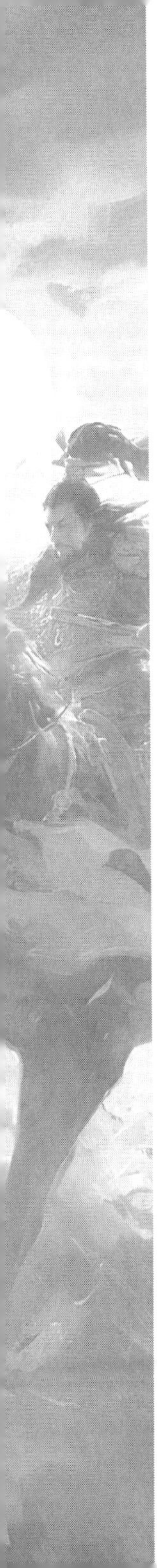

第八章

關雲長的結局

劉備究竟是友是敵？

我已經考慮這個問題很久，周瑜曾經明確無疑地告訴我：劉備是敵，暫時的潛伏只是為了更大的危害；而魯肅則以同樣堅決的態度告訴我：劉備是友，只要強大的曹操存在，我就必須聯合劉備。如今周瑜和魯肅都已經不在了。輪到我自己來考慮這個問題了。

我曾經很欣賞劉備的某些方面，從販履織蓆之輩到割據一方的梟雄，他的確有過人之處。譬如說他的堅韌，得到徐州、失去徐州，寄生於新野、落難於長坂，而後華麗地重返荊州、輕取四郡、襲奪益州，他的失敗多於成功，可是每一次失敗都為他增添更多的歷練，每一次歷練都能提升他的威望，他的隊伍飽嘗敗績而不離散，他的鬥志歷經滄桑而不氣餒，這些的確令人敬佩。

然而接觸得越多，越是讓我看到劉玄德醜陋的一面，他自稱皇室宗親實際上卻對拯救許都的天子毫無興趣，他打著劉琦的旗號奪取四郡又將劉琦害死，得了江東的種種好處卻絕口不提，他聲稱不忍心進攻同宗劉璋一轉身卻已經成為益州之主。這是個不知信義為何物卻滿口仁義道德的傢伙，對於這樣的人而言，一切都是假的，只有他的野心是真的。

或許，劉備這樣人才是真正的梟雄，我是不是應該學他？

要學劉備，第一步就是學會如何對自己的同黨下手。劉備以劉璋同黨的身分進入益州，結果卻是竊奪了劉璋的益州。如今我也打算這麼做，目標便是奪回我的荊州。

——孫仲謀的獨白

53. 吳下阿蒙

周瑜死前推薦了魯肅，魯肅死前會推薦誰？很多人猜測是呂蒙或諸葛瑾，因為魯肅曾經稱讚呂蒙「學識英博，非復吳下阿蒙！」諸葛瑾則與魯肅的關係很不錯，加上他與諸葛亮的兄弟關係，頗能繼承魯肅的親劉主張；因為也有人說是老將軍程普或是新銳甘寧，但是程普太老了，甘寧則脾氣過於暴躁，都不是大將的合適人選。

誰也沒有料到，最終繼承魯肅掌握西線兵權的居然是一個叫嚴畯的書生。聽說他是張昭的老鄉，與魯肅關係也很不錯，可是此人從未經歷戰場，沒有立過任何戰功，也不聞有什麼經天緯地之才，何以他會成為西線之主呢？

數日後，一份手令將呂蒙傳喚到了石頭城。君臣相見，孫權的第一句話便是問他對此事的看法。

「嚴曼才質直純厚，有長者風範。只是他的長處是文章教化，恐怕擔當軍事不太合適吧！」

「子明的意思，是不是想說魯子敬推薦了不合適的人才？」

「不敢，魯橫江大概是有自己的考慮吧！」

「這話不錯，魯肅的確有他的想法，大概你也猜出幾分。」孫權說，「你大概會以為自己是最佳的繼承人選，可是魯肅卻告訴我萬萬不可使用呂蒙做督。」

魯肅生前一直主張維護孫劉聯盟的友好存在，而呂蒙卻極力鼓吹對劉備採取強硬態度，以武力奪取荊州，兩人雖然私下裡關係還不錯，可是在這件事上卻是針鋒相對。難怪魯肅要拒絕呂蒙擔任自己的後人，因為一旦呂蒙上任，必然會導致孫劉聯盟的破裂。而嚴畯一介書生，不善軍事，又與魯肅觀點接近，所以魯肅推薦此人取代自己，雖然初聽起來匪夷所思，可是仔細一想，魯肅實在是別無選擇，因為江東將領中，幾乎沒有什麼人對劉備有好感。以呂蒙、甘寧為首的一班武將都摩拳擦掌、虎視眈眈呢！

不過魯肅怎麼想是魯肅的事，最終決定權還在孫權手裡。為什麼孫權會同意委任嚴畯為西線主將呢？

「其實嚴曼才本人並不願意接受軍職，他多次上書請辭，但是都被孤壓了下去。子明可知為何？」

「想來主公覺得也有用他的必要，呂蒙愚鈍！」

「呂蒙並不愚鈍，只是輸在鋒芒太露！」

「啊……」

「你還不明白麼?眾人皆以為嚴畯不可用，而呂蒙可用，不但江東人這麼想，想必荊州人也作如是觀，所以我偏偏要用不可用的嚴畯。」

呂蒙的確並不愚鈍，說到荊州，他立刻明白了孫權的意思：魯肅一死，不但江東人心騷動，就連劉備那方面也會極度關注，如果孫權立刻委任呂蒙為督，劉備、關羽一定會認為風向將變：

「呂蒙一定會來爭奪荊州，我等要做好防備！」

可是現在是一介書生嚴畯上臺，劉備、關羽多半會想：「這又是一個魯肅，荊州安全了，我可以全力以赴北方的戰事！」

一念及此，呂蒙不覺心動，孫權的潛臺詞，莫非是先以假象麻痺劉備，暗地裡卻祕密準備，一旦時機成熟，便發動突襲。

孫權微笑，呂蒙悟性頗高，領會得不錯。他告訴呂蒙：雖然嚴畯是名義上的西線主將，可是實際上一切軍事事務都由呂蒙主持。

孫權給呂蒙的新職務是左護軍、虎威將軍，他的職責便是負責西征荊州的所有準備工作，包括情報收集與籠絡敵將、水軍訓練等等。

這一年，就在嚴畯、呂蒙二元制實施不久，曹操與劉備在漢水上游爆發了爭奪漢中的大戰，劉備親領張飛、馬超等重量級將領傾巢而出，而曹操方面，則派出曹洪、曹休與夏侯淵、張郃、徐晃一眾，戰爭僵持不下，曹操親自抵達漢中，劉備亦調發川中兵力，全力以赴。

就在曹劉大戰激烈的關頭，孫權終於批准了嚴畯的辭呈，呂蒙正式走馬上任，但是正在漢中殺得眼熱的劉備已經顧不上關注江東的人事變更，即便是近在荊州的關雲長，此時也正全神貫注於南陽、襄樊一帶的緊張局勢。建安二十三年的冬天，南陽郡的首府宛城發生了大規模叛亂，身為曹操陣營南線主將的曹仁只能出動大軍進行血腥鎮壓，對宛城實施了屠城，整個荊州北部騷動不安。

建安二十四年，漢中大戰終於分出勝負，曹操發出雞肋之嘆，退出漢中，意得志滿的劉備自封漢中王。這一年的秋天，劉備的部將孟達、劉封先後奪取了漢中東部的上庸、西城兩郡，與荊州的關羽連成一片。

「關羽大概要出動了吧，以他強勢好戰的性格，在荊州按兵不動已經數年之久，如今遇到這樣的好機會，一定會按捺不住興奮的心情而大舉出動吧！」

「雖然如此，可是關羽出戰一定要取得劉備的軍令才行，劉備未必會許可他的妄動。」

「劉備在漢中平生第一次打敗了曹操，榮登漢中王寶座，此刻信心百倍，又怎麼會阻止關雲長的北伐立功呢？」

果然不出呂蒙所料，農曆七、八月間，關羽正式從南郡向北方發起大規模進攻。兵鋒直指曹仁據守的樊城。曹方陣營所派出的戰將乃是久經沙場的老將于禁與從西涼改投而來的新人龐德。

這時正是南國的雨季，山雪消融、風暴自海上挾雨而至，東起吳越、西至湘楚，這是個水的世界。呂蒙聽說漢水已經氾濫了，關雲長在荊州訓練多年的水軍終於有用武之地了，想必不擅水戰的于禁、龐德要吃點苦頭了。可是關羽別忘了，誰才是水戰的王者？呂蒙想到這裡，忍不住微微而笑。

54. 一片綠葉

「聽說了麼，關羽居然辱罵我們的使者，甚至狂言我們的公子為犬子。」

江東人最近都在熱烈討論這件事，據言孫權為了鞏固孫劉兩家的友好同盟，特地派使者向關羽提議，迎娶關羽之女為長子孫登的媳婦。

自從孫尚香返回江東以後，孫劉之間已經不復存在婚姻的連繫，若是關羽答應這門婚事，孫劉聯盟說不定能重溫往日的友好和睦。然而關羽的反應令人吃驚。他勃然大怒：「吾虎女安肯嫁犬子乎！」

所謂「犬子」，也就是「狗子」，常被中國人用作自家小孩的小名，譬如漢武帝時的文豪司馬相如就曾經叫做司馬犬子。日常對話中，人們一般也常常以此謙稱自己年幼涉世不深的兒子，然而關羽的這一聲犬子，卻不是謙稱，而是對孫權的侮辱。

孫權是與關羽的主子劉備地位對等的一方之主，迎娶關羽之女為長子孫登的媳婦，是一種低姿態的示好動作。為什麼關羽會如此抗拒，甚至破口大罵？唯一的解釋，就是在關羽眼中，孫劉關係實際上已經破裂，孫權是敵人而非盟友，關羽當然不可能把女兒嫁給敵人的兒子做媳婦。

不過，此事乃是孫權的恥辱，按照一般的邏輯，官方應該封鎖消息才是，為何流傳到民間，沸沸揚揚？

答案很簡單，這是孫權和呂蒙的一種策略，他們故意散布這個消息，目的在於藉助這件事來激怒江東的民眾：「關羽已經不打算與我們友好下去，他如此輕視江東、侮辱我主，是可忍孰不可忍也！」

當然，關羽的配合也是妙不可言，求親之初，誰又能料到會有這種結果？孫權心道：「既然你如此無情，也就休怪我不義了！」

關於此事，《三國志》記載說：「權遣使為子索羽女，羽罵辱其使，不許婚，權大怒。」

一時人心沸騰，江東民眾對劉備、關羽的反感達到了極致，在士大夫和少壯派將領中，對劉備必有一戰的呼聲也越來越高漲。然而就在此時，主戰派的領袖人物呂蒙卻病倒了，孫權不得不釋出命令，徵召呂蒙返回建業城養病。

呂蒙從陸口返回建業，蕪湖是必經之地。此時的蕪湖正是定威校尉陸伯言的駐地。

「呂子明怎麼會在節骨眼上生病了呢？」陸伯言頗為懷疑這消息的真實性。

「何不借探病為由拜望他呢？是真是假，一看便知。」孫舒城說。

陸伯言並非呂蒙的直屬部下，但是陸伯言的資歷與官階（定威校尉）均低於呂蒙（虎威將軍），出於軍禮，陸伯言確實有探病的必要。

至於探望呂蒙的禮物，細心的孫舒城已經準備好了，陸伯言只需邁腿出發而已。

「咳、咳……伯言來了，恕我病體在身、不便回禮！」

陸伯言觀察著呂蒙的氣色，要判斷此人是否有病真的不容易，因為呂蒙長年以來受到慢性病的困擾，一直給予人瘦骨嶙峋的病夫印象。

面色蒼白、身體消瘦、咳嗽不斷……呂蒙的確有癆病的徵兆，然而這徵兆究竟是真是假？陸伯言試探性地問他：「關羽就在旁虎視眈眈，將軍為何離開自己的職位？後面會發生什麼變化，將軍不擔憂麼？」

「咳、咳……」呂蒙又是一陣劇咳，露出無奈的笑容，「怎麼會不擔憂，但是病成這個樣子，我實在是沒有法子。」

「關羽盛氣淩人、驕傲自滿，之所以不和我們翻臉，只是因為暫時要北上襄陽罷了，如今他聽說將軍得病，一定會失去戒備……」

「咳、咳……你是說我們要先下手為強，突襲荊州麼？」方才還是病怏怏的呂蒙突然眼睛一亮，也難怪，一說到這個話題，他就忍不住興奮，居然忘了自己是在裝病，剎那間有了精神。

陸伯言暗笑，果然是裝病的老虎。他也不點破，小聲道：「《孫子》云：攻其無備，出其不意。將軍不如見了主公，好好合計此事。」

呂蒙在心中大笑，被這書生給識破了，也好，這是一個很有悟性的青年人，難怪主公要把姪女下嫁。可是目前還是要裝糊塗：「關羽是個猛人，還是不要招惹他為妙……咳、咳，聽說他在荊州很有威信，近來又立下了顯赫戰功，膽勢益盛，不是那麼好對付……咳、咳！」

該說的已經說了，裝病的人依舊裝病，可見他有裝下去的必要，陸伯言告退。

回到家裡，孫舒城問：「如何？」

「呂蒙的病麼？」

「是真是假？」

「這個麼……」陸伯言微微沉吟片刻，「這麼說吧，真中有假，假中有真，真真假假，說到底是半假半真！」

孫舒城聽糊塗了，這到底是怎麼回事來著？

所謂大戰之後必有大疫，自從董卓入京以來，大漢帝國陷入連綿不斷的戰亂，南國遠離戰亂，本可以成為一塊樂土。但是自從赤壁之役以來，曹、劉、孫三家逐鹿，戰事不斷。瘟疫因此流行，當年曹操在烏林便遭遇大疫，此後在曹孫之間的每一次大戰如濡須口之戰、逍遙津之戰，莫不有瘟疫的影子在雙方的軍營中遊蕩。

身為多場大戰的直接參與者呂蒙，不知從何時感染上了可能是肺結核之類的疫病，久治不癒，時時發作。然而依仗著年輕與強壯的軀體，呂蒙只是當做偶感風寒罷了。這一次的病發，呂蒙更是得了靈感，打算以此來迷惑關羽，令他失去警惕。

事實上，呂蒙的病是真的，可是在呂蒙看來，這只是迷惑關羽的假象而已。與陸伯言短暫的會晤之後，他便離開了蕪湖，前往建業。

沒多久，從建業來了使者，說是孫權召見陸伯言。

「莫非是為了呂蒙之事？」陸伯言暗自嘀咕。

「說不定是要幫夫君升遷呢？」孫舒城笑。

「什麼話，我最近又沒有立什麼戰功，無緣無故升什麼遷！」

「升遷未必一定要立功。」孫舒城說，「你好好想想，呂蒙病重，他的職位是不是需要有人頂替？」

「話雖如此，江東有資格擔任這個職位的人多了去，哪裡輪得到我這樣的後輩。」

「如果是選任有資歷、威望的前輩擔任，又如何來麻痺關羽？」孫舒城的話聽上去倒是頗有些道理，「就好像這庭院中，如果是盛開的花朵，路過之人總會看一眼；可若只是默默的綠葉，又有誰會關注？」

「妳是說我是綠葉……」

「你是孫家的女婿，又是無名的年輕後輩，若是任命你接替呂蒙，關羽必然會認為這是徇私的結果，一個無能後輩，只是因為娶了孫家的女兒才得到這個職位，其實才能並不稱職！」

「呵呵，還真是一片意味深長的綠葉⋯⋯」陸伯言大笑，大戲馬上就要開鑼，依靠妻子上位的無能後輩——原來這就是陸伯言的角色，既然如此，就下決心演好這個角色。

55. 取荊如庖丁解牛

建安二十四年，陸伯言三十七歲，不再年輕，可是在威震華夏的關雲長眼中，在江湖上毫無名氣、聞所未聞的陸伯言不啻是一個垂髫小兒。

「這個陸伯言究竟是什麼來頭？」

「聽說是江東的士族子弟，娶了孫策的女兒，算是孫權的姪女婿。」其實仔細算算，還有一層淵源，劉備娶了孫尚香，陸伯言也該喊劉備一聲姑父，兩家算是不太遠的親戚。

「哦，原來是個靠裙帶關係爬上來的南蠻！」關羽出身河東，距離京師洛陽不遠，算是標準的中原人氏。所以對於出身吳越之地的孫仲謀、陸伯言之流，他有強烈的地域優越感。當初聽聞出身西涼、兼有羌漢血統的馬超來降，關羽特地寫信給諸葛亮問：「馬超可以與何人媲美？」孔明回答說馬超「當與益德並驅爭先」，哪裡比得上關雲長您「絕倫逸群」，關羽這才滿意。後來劉備當上漢中王，老將黃忠與關羽並列，關羽大怒：「大丈夫終不與老卒為伍！」其實黃忠出身南陽，只不過出道以後大半生在南國長沙混，所以中原鮮聞其名罷了，關羽卻很瞧不起他（《三國演義》有關羽義釋黃忠的情節，純屬虛構）。

此刻關羽開始看陸伯言寫給他的一封信，在這封信中，陸伯言以江湖晚輩的身分，很是謙虛，對於關雲長的豐功偉業，更是讚嘆仰望不已。

《三國志》記錄了這封信的原文，開頭是這樣的：「前承觀釁而動，以律行師，小舉大克，一何巍巍！敵國敗績，利在同盟，聞慶拊節，想遂席捲，共獎王綱。近以不敏，受任來西，延慕光塵，思廩良規。」

關羽日前水淹七年、生擒于禁的光榮事蹟陸伯言更是大書特提，比喻為晉文公城濮破楚之戰與韓信背水破趙一役：「于禁等見獲，遐邇欣嘆，以為將軍之勳足以長世，雖昔晉文城濮之師，淮陰拔趙之略，蔑以尚茲。」

接著，他倒是提醒關羽不要太大意了，因為曹操已經派了徐晃來增援：「聞徐晃等少騎駐旌，窺望麾葆。操猾虜也，忿不思難，恐潛增眾，以逞其心。雖雲師老，猶有驍悍。且戰捷之後，常苦輕敵，古人杖術，軍勝彌警，願將軍廣為方計，以全獨克。」

關羽鼻子輕哼一聲，心說這個不用你操心，我可以搞定。

最後，陸伯言謙遜地表示了友好之意，大意為自己不過是個愚鈍的書生，對軍事並不擅長，還請關公多多關照：「僕書生疏遲，忝所不堪。喜鄰威德，樂自傾盡。雖未合策，猶可懷也。倘明注仰，有以察之。」

關雲長哈哈大笑，江東真是無人了，魯肅死後，先是居然用一個叫嚴畯的書呆子，後來又是一個叫呂蒙的病秧子，現在又上來這個姓陸的筆桿子，真可謂一群呆瓜！也罷，我先掃蕩中原，待滅了曹操，再來吞併江東，到時候，大概會封孫權做個象林縣（當時中國最南方的縣，今屬越南）侯，至於陸伯言這個年輕人，就推薦他去孔明手下做個主簿、從事之類的官職好了。

這時關羽正圍攻樊城，兵力不足，陸伯言的示弱，終於使他放鬆戒備，他頒發軍令，抽調南郡等地的留守部隊開赴前線，後方只剩下不多的守備力量而已。

不久，潛伏在潯陽一帶積極備戰的呂蒙便從細作的報告中得知了這一個天大的好消息。

《莊子》曰：「庖丁為文惠君解牛，手之所觸，肩之所倚，足之所履，膝之所踦，砉然嚮然，奏刀騞然，莫不中音。」精於屠宰之道的庖丁熟稔牛的內部機理，所以能從容解牛，而不是使用蠻力強為。如今孫權奪取荊州也如庖丁解牛般「以無厚入有間，恢恢乎其於遊刃必有餘」。

首先是在外交上孤立劉備、關羽，早在建安二十二年，孫權已經派出使者與曹操重修舊好，《三國志》記載此事說：

權令都尉徐詳詣曹公請降，公報使修好，誓重結婚。

這次，孫權又親筆寫下密信，告訴曹操，願意與曹操合力對付關羽的崛起。

其次是激起江東的鬥志，如以關羽辱罵求婚使一事激怒民眾。此外，當年劉備如何欺騙孫權、借荊州賴帳不還、表面上為劉璋請願實則獨吞益州等事也被一一揭露出來。一時江東的反劉情緒空前高漲。

最後是從內部瓦解關羽。

關羽所委任的留守大將，一是南郡太守糜芳，一是將軍傅士仁。兩人除了留守之外還兼任關羽北伐的後勤補給工作，然而因為連綿降雨的關係，糧草運輸並不順利，關羽卻並不體諒他們的難處，放出狠話說：「等我北伐回來，有你們好看！」

糜芳是徐州的名族子弟，當年他的哥哥糜竺把徐州獻給劉備，又把妹妹嫁給劉備，糜氏兄弟一度成為劉備旗下最重要的勢力，可是好景不長，劉備在隆中請出了諸葛亮做軍師，糜竺不再是首席文臣，而糜夫人又不幸死於長坂坡，糜氏兄弟的地位一落千丈！

「可惡，已經忘了糜家對爾等的恩情了麼？」

想到劉備已經淡忘昔日恩情，驕傲的關羽又揚言要收拾自己，憤怒和恐懼心理交織的糜芳坐立難安。至於在劉備陣營毫無根基的傅士仁，更是怕得要死。

時為建安二十四年的閏月，從湘水關倉傳來了關羽軍士搶奪屬於孫權的糧食的事件。

「關雲長真是膽大妄為啊，他吃準了我們不敢反擊麼？難道他真的以為呂蒙已經病重到奄奄一息！」

潯陽江頭的呂蒙最後一次檢閱他的軍團，船艙裡埋伏著全部精銳，甲板上只見穿著白衣搖櫓、揚帆的船工水手以及裝扮成商人模樣的一些士兵。

「這是江東被劉玄德欺騙十年後的還擊，也是周公瑾的遺願！」

強烈的鬥志掩蓋了呂蒙的病情，此刻他看上去炯炯有神。

「向著荊州，出發！」

56. 兵敗如山倒

「所有的船隻都要靠岸，查點貨物，繳納過關稅金！」荊州的守江士兵揮舞著手中旗幟大喊。

「大哥，我們是從江東來的，多少打點摺好了！」船商嘻皮笑臉地打招呼。士兵則凶神惡煞狀：「廢話，這裡過的都是江東客商，加稅！加稅！」

「為什麼要加稅，這年頭做點生意可不容易！」

「這你都不明白，關侯在北方打仗，打仗不得花錢麼？你們這些傢伙，不要不見棺材不落淚！」

關羽曾被曹操封為漢壽亭侯，所以荊州人都敬稱他為「關侯」。

「哎呀呀，這戰事一起，生意就更難做了。」

「少囉嗦，待我到爾等的船上看看有多少貨物，若是瞞報少報，可得重重罰金！」

上船檢查的荊州士兵立刻被「盡收縛之」。

「怎麼還不回來，船上有寶不成？」

「哪有什麼寶，只是從南海收取了些珍珠瑪瑙珊瑚之類……」

「這我也得看看，嘿，不得獨吞好處！」

留在關卡的少數守軍，按捺不住出來觀望時，也悉數被捆綁起來。於是呂蒙的士卒神不知鬼不覺地拿下了沿江關哨，直抵公安城下。

公安是劉備的舊都，守將正是關羽揚言「還當治之」的傅士仁。呂蒙身邊，此時正有以三寸不爛之舌說降豫章郡的虞翻在旁，一封勸降書射入公安，傅士仁毫不猶豫地選擇了投降。

「與其坐等關羽回來收拾自己，倒不如投降江東還可以苟活！」

在傅士仁的引導下，呂蒙長驅直入南郡。江陵城頭，聞變的糜芳披甲立在城頭準備抵抗，傅士仁在城下大喊：「老哥，何必為了關羽自苦，他不會領你情的！」

於是糜芳也打開城門投降。

此時，關羽的北伐軍團正遭遇老朋友兼老鄉徐晃的攻擊，六十五歲的曹操從洛陽南下救援曹仁，他走到摩陂便止步不前，把前線作戰指揮權完全交付給了徐晃，先後十二支部隊增援到徐晃的麾下，意思很明顯：「徐公明，此戰就看你的表現了！」

徐晃很激動，二十三年前，他從楊奉手下投奔曹操，一直以來是龍套配角，至今終於獲得一次主演的機會，他絕無浪費這個難得機會的道理。當時關羽軍團的主力駐紮在圍頭，分支部隊駐紮在四塚。徐晃聲東擊西，揚言欲攻圍頭，搞得關羽很緊張之時卻虛晃一槍，直撲四塚。關羽醒悟，親率步騎五千增援四塚，卻被徐晃打敗。徐晃趁勝追擊，先取四塚，再衝入圍頭陣地，勢不可擋，關羽連叫吃不消，只好解除陸上包圍，只用水軍切斷樊城與襄陽的交通。

到了這個時候，樊城解圍已經指日可望，曹操讓弓箭手將一封書信射入樊城，這封書信正是孫權寫給曹操的示好信，信中說孫權將很快發動對荊州的攻擊。樊城中飽受圍城之苦的軍民頓時歡騰一片。

老奸巨猾的曹操將孫權書信的複寫版射入關羽的軍營中，同樣的內容在這裡引起一陣騷亂：「難道孫權真的撕毀了盟約，我們的荊州已經被攻陷了嗎？」關羽感覺自己的好運漸漸在消失。

北伐軍團已經失去鬥志，關羽只好宣布班師，好在曹仁意在坐山觀虎鬥，並未追擊。關羽得以全師而退，順利回到本土。此刻關羽將士的心中，無限掛念江陵城中的妻小：

「呂蒙對她們做了什麼？會不會屠城？」

一名使者被派往南郡，呂蒙親切地接見了他，並特別允許他走訪全城：

「放心，我不會為難你們的家人，戰爭是男人的遊戲，與女人和小孩無關！」呂蒙和顏悅色地說，「身為軍人，我知道將士掛念自己的妻兒老小，你可以拜訪她們，把平安的消息帶給關侯。到那時，我們再決一死戰好了。」

呂蒙說的是實情，包括關羽妻小在內的家家戶戶都平安無事，江東軍團紀律嚴明、秋毫無犯。她們熱切地向使者報告平安，寫下家書請使者轉交自己的男人或兒子。

當使者回到關羽軍營，關羽急切地詢問荊州情勢，使者回答說：「君侯的家人已被呂蒙保護起來，並未受到傷害！」

「什麼保護，是軟禁罷了。」關羽哼了一聲，似乎早已經料到這種事，「荊州城中人心如何？」

「呂蒙下令軍中不得擅入民家有所索取，所以人心安定。」

「說說而已，江東軍真的能做到一無所取？」

「聽說呂蒙手下有一同鄉，擅自取了民家一頂斗笠，來覆蓋官府的鎧甲。呂蒙認為，鎧甲雖是公家器物，但擅取民家斗笠依然是觸犯了軍令，即便是同鄉也不可原諒，於是揮淚將他斬首。事後軍中震慄，所以軍紀嚴明！」

「呂病夫很會演戲，他這是殺雞儆猴，不過……」一陣悲哀襲上關羽心頭，呂蒙把一切都做得很高明很到位，而自己，的確是麻痺大意了！

「呂蒙還派人早晚慰問江陵城中的老弱之輩，若有人生病，就送去醫藥，有人飢寒，就送去糧食和衣服。府庫中的財寶，呂蒙一毫不取，全部封存……」

「不要說了，你下去吧！」關羽打斷了使者的絮叨，實在是越聽越灰心，聽不下去了！

走出關羽大營的使者不一會便被將士們包圍，使者拿出家書，一一派發：「一切都好，有些人的日子還比以往更好過了呢！」

「真是太好了，沒想到會這樣！」

私底下將士未免覺得再跟著關羽已經失去意義：「關侯只關心他的赫赫威名，哪裡會考慮你我的死活！只要家人活著，荊州姓劉還是姓孫與我們小民有何相干？」

後人所謂：「澤國江山入戰圖，生民何計樂樵蘇。憑君莫話封侯事，一將功成萬骨枯。」正是此時關羽將士們的心情寫照。

一連數日，都有人悄悄溜走。關羽派出將領巡營，捉拿逃走之人。可是沒幾天，就連巡營的將領也逃走了。

第八章　關雲長的結局

周邊的形勢在迅速惡化，聽說孫權已經親自抵達江陵。關羽治下荊州的郡縣大部分已經不戰而降，關雲長終於意識到：現在不是討論能否收復荊州，而是如何自保，撤到益州去。而要退入益州，南郡西面的宜都郡是必經之路。

「宜都太守樊友是個忠義之人，一定不會投降！」關羽抱著最後的幻想，領兵向宜都方向退卻，可是派去偵查的騎兵卻回來報告說：

「宜都已經被攻陷了！」

「樊太守呢？」

「敵軍攻勢太過猛烈，樊太守抵擋不住，棄城逃走了。」

「宜都郡大大小小的蠻族酋長，我素來對他們不錯，難道也逃走了不成？」

「酋長們沒有逃走，前去招撫的敵將頒發給他們江東打製的金、銀、銅印璽，為了能得到代表優等地位的金、銀印，他們都爭先投降……」

「敵將為誰？」

「吳郡陸議！」

原來如此！關羽仰天長嘆，這才是悲哀之處。他本以為自己只是錯估了呂蒙的病情，可是實質上更大的錯誤原來在這裡，他嚴重低估了這個自稱為「疏遲書生」的年輕人，以謙遜的言辭麻痺他的鬥志，繼而閃電般地突襲戰，最後是搶先一步截斷他的後路，巧妙地以金、銀、銅印搞定宜都的土蠻，這絕不是靠裙帶關係上位的無能之輩或是名門望族的紈褲子弟所能擁有的策略與戰術觀。

「長江後浪拍前浪，前浪死在沙灘上！」一千多年後的俏皮話，卻是關雲長此時的內心覺悟最恰當的描述。建安二十四年，距離關公「策馬刺良於萬眾之中，斬其首還，紹諸將莫能當者」的建安五年官渡大戰已經恍然相隔十九年。

關羽不得不承認：自己的時代已經過去了，屬於年輕人的新時代來臨了。就讓我的血來祭奠這個華麗時代的終結吧！

57. 棄子之命

人云：「山至此而陵，水至此而夷。」意思是巴蜀的大山綿延到了這裡就變成了小小的丘陵，湍急的三峽水到了這裡就成了平川。這便是夷陵——陸伯言的新駐地。

雖然擊敗了宜都太守樊友，攻克夷陵，可是關羽在荊州西部的殘兵散將還是不少，陸伯言的周圍，關羽的部將詹晏、陳鳳自東而來，房陵太守鄧輔、南鄉太守郭睦自北方南下，秭歸大姓文布、鄧凱等合夷兵數千人，從西南方向向夷陵推進，陸伯言幾乎是三面受敵。

可是這三路兵馬推進到夷陵附近後便不敢再前進，似乎誰也不敢做出頭鳥。

「這就是所謂驚弓之鳥啊！」

一群鳥飛翔，領頭鳥被獵人射落，其他的鳥兒便嚇破了膽，即便是空弦虛發也會讓它們膽顫心驚。如今關羽就是這班人馬的領頭鳥，關羽已經困守麥城，詹晏、陳鳳這些蝦兵蟹將又能掀起多少風浪。

陸伯言叫來兩個年輕人，水軍小將李異和步軍小將謝旌，他們都是沒什麼名氣的新人，最顯赫的經歷也就是當初跟隨陸伯言在山越地區剿匪而已。

陸伯言的命令是讓他們水陸並進，占據險要，擊破詹晏、陳鳳。

「把他們當山賊打吧！」

李異和謝旌昂揚地領命而去，數日後他們便凱旋而歸，戰果驚人：擊破詹晏、生擒陳鳳。陸伯言下令把陳鳳送往公安孫權處，自己則點起人馬出城。

「這會是誰？」

「戰爭已經結束了，剩下的只是做掃除而已！」

關羽委任的房陵太守鄧輔、南鄉太守郭睦聽說陸伯言親自來攻，落荒而逃。至於秭歸大姓文布、鄧凱一眾，幾乎是一觸即潰，身為頭目的文布、鄧凱逃去了益州。

陸伯言輕鬆掃除三路之敵，隨即回到夷陵縣，坐鎮長江峽口以阻擋來自益州的援軍。

關羽在麥城支持不了多久，如果劉備想救關羽，只有兩條通道可以走，一是北方的上庸，一是南方的峽口，聽說張飛就駐紮在閬中，坐船漂流而下，取道江水叩擊夷陵，解麥城之圍，這大概是救關羽的最可行辦法。陸伯言以為，這才是這一戰的重點。

可是陸伯言等了許久，劉備、張飛也沒有來，益州方向是令人難以捉摸的沉寂，不見一兵一卒一船，似乎荊州這邊的廝殺與他們毫無關係。這種奇妙的態度令陸伯言很是訝異。

「就算是虛張聲勢，劉備也應該有所動作與關羽呼應才是！」

孤立無援的的關羽終於窮途末路，雖然曾經傲視群雄，如今卻不得不承認失敗。他被困於小小的麥城，孫權親自坐鎮江陵，部署軍隊四面圍攻麥城，參與作戰的將領有偏將軍朱然、潘璋。

這兩人都屬於江東將領中的少壯派。朱然是江東老臣、吳郡太守朱治的養子，本姓施，曾經與孫權同學，關係好到哥兒們的程度。十九歲便當上了餘姚縣的縣長，很早便當上了臨川郡太守。至於潘璋，更是孫權做陽羡縣長時代的直系部下，可以說是真正的孫權嫡系。聽說他喜歡賭博、喝酒，以至於破家蕩產、更背負上高利貸，債主整日堵在潘家的門口。潘璋臨危不懼、坦然自若：

「不過是一些小錢而已，等我富貴了，自然會加倍償還，休要囉嗦！」

後來還是孫權為他付清了債務，又讓他擔任徵兵的工作。潘璋的人脈倒是不錯，沒幾天便找來了一百多號人，自然一大半是他的賭朋和酒友。

「你似乎認得不少不三不四的傢伙，也好，你就負責刺奸之責好了！」

所謂「刺奸」，就是緝捕盜賊的捕頭。自從潘璋當了「刺奸」，吳郡的盜賊便銷聲匿跡了。孫權賞識他的幹練，提拔他做將領。逍遙津一戰中，正是潘璋殺了幾個逃兵才遏制了潰局，戰後得以提升為偏將軍。

關羽已經是虎落平原，親手生擒關羽是何等的榮耀，孫權把贏得榮耀的機會給了朱然、潘璋而不是別人，可見一斑，其他人大概會覺得孫權有些偏心。

數日後，在麥城的城頭揚起了一面白旗，此為投降之義。這面白旗的出現實在令孫權感到意外，他本以為關羽這樣的硬漢子會寧死不屈，然而麥城的城頭分明就是一面白旗。

「咳、咳……」呂蒙在竹輿車裡說，「這只是幌子而已，關羽一定在今夜潛逃！」

呂蒙的病似乎有嚴重的趨勢，如今他已經不能騎馬，只能坐在竹輿上出行。

果然，當夜的麥城出現了異動，關羽在城頭遍插草人與旗幟，又發出投降的虛假信息，而後率領數十名騎兵，藉著夜色走臨沮小路而逃。然而，孫權軍團並未受到迷惑，朱然、潘璋的部隊拉網式地在沿途搜尋。

終於，在一個叫做章鄉的所在，潘璋的部將馬忠發現了關羽和他的兒子關平，此時他的身邊只有寥寥數人而已。

「關侯，束手就擒吧！」

這是一場沒有懸念的戰鬥，幾乎可以說是沒有戰鬥，此時的關羽猶如一個熟透的蘋果，任人摘取而已。

成為階下囚的關羽被送至臨沮營盤，孫權企圖誘降關羽，但顯然關雲長毫無為江東效力的意思，最終只有將其斬殺。

「關雲長從容赴死，不愧是當代名將。」公安城中，孫權與從夷陵趕來的陸議盤坐著，一邊弈棋、一邊聊天，聊的無非還是這一場荊州之戰。

對於孫權來說，這是個揚眉吐氣的日子，當年聽從魯肅的建議把荊州借給劉備，整整十年過去了，荊州終於回到了孫權手中。這一刻，他又想起了魯肅。當初他怪魯肅不能討回荊州，魯肅回信說：「帝王之起，皆有驅除，羽不足忌。」實際上卻對關羽毫無辦法。三郡爭奪戰，魯肅在劉備腹背受敵的大好形勢之下居然把零陵郡還給關羽，真是令孫權大失所望。

子敬有許多優點，也說過很多正確的話、做了很多正確的事，但在借荊州這件事上，他的確犯下了幾乎難以彌補的大錯。至此，多虧呂蒙與陸議巧妙的運籌帷幄，這才收回了荊州，孫權心中歡悅，非比尋常。

「三尺之局兮，為戰鬥場；陳聚士卒兮，兩敵相當。」孫權的興致頗高，他捏著手中的棋子，對陸伯言說，「這一仗真是漂亮，想不到關雲長如此不堪一擊，以往子敬實在是高估此人了！前人把戰事喻為棋局，伯言何不藉著這棋局說說這一戰的奧妙。」

孫權給陸伯言的新職位是：右護軍、鎮西將軍、代理宜都太守，並且封以婁縣之侯的爵位。婁縣屬於吳郡，是陸伯言的故鄉所在，孫權的封賞可謂豐厚又體貼。

「伯言從此就是將軍了！」孫權哈哈大笑，「舒兒那丫頭聽到這個消息，一定為她的夫君而驕傲！」

從東海之濱的白面書生到如今的封侯拜將，以無名的後起之輩擊敗威震華夏的關雲長，陸伯言的確有資格得意洋洋，

是啊，人生得意須盡歡，可是如今困在麥城中的雲長公，不就是因為太過得意而招致失敗的麼？

在江東的年輕人中，陸伯言以痴迷圍棋而著稱。讀書、騎馬、練劍之餘，他常與自己的親友弈棋。在陸伯言看來，弈棋不但是一種娛樂，也是一種智力與耐心的修煉。每當陸伯言安坐在棋枰前思考，年輕人常有的躁動之心便會平靜下來，微閉雙眼，陸伯言便從棋枰上看到了天下。

「三尺之局兮，為戰鬥場，陳聚士卒兮，兩敵相當」，這是東漢末年大學者馬融的話，意思是圍棋與戰爭有相通之處。漢代的棋盤縱橫十七道，合二百八十九道，在兵家眼中，無異於山川地理、兵家廝殺之場所。白、黑棋子各一百五十枚，則為彼此之兵將、爭鬥之資本。所以漢末群雄如曹操、孫策等都甚好棋道，把弈棋看做是兵法謀略的一種演習。孫權深知陸伯言對棋道的愛好，也贊同馬融關於圍棋與戰爭相通的看法，故有此言。

陸伯言說：「若以棋局而言，這一戰關雲長犯了五個錯誤。」

「哦，願聞其詳。」

「棋中有所謂先手，有人說寧輸數子，勿失一先。可是先出手的一方，不免暴露自己的用意，所以謹慎的棋手，往往會後發制人。」

孫權點頭：當初關羽北上襄樊，水淹七軍之際難免狂妄自大，暴露了自己的野心，尤其是對孫權的藐視，終於將原本敵對的曹、劉雙方推到了一個陣營。這正是所謂「先手之誤」。

「棋道中又有所謂厚薄之義，這邊的棋子放多了，陣勢厚而扎實，便不容易攻破；那邊的棋子少了，陣勢單薄了，便容易失陷。這是第二。」

在這場戰役中，關羽起初在後方配備了充足的兵力，可以稱為「厚」，然而一旦聽說呂蒙病重、年輕的陸議接任，關羽便抽調大軍北上，於是後方由「厚」變「薄」，呂蒙得以乘虛而入。

「至於布局之義，看似固若金湯的布局必有薄弱之處，取勝之道，往往在於刺中對方布局的虛空，化敵為我。這是第三」

關羽本以為荊州的防禦固若金湯，可是看似無隙的防禦中卻存在糜芳、傅士仁這樣的薄弱點，呂蒙正是透過敲打這兩個點，瓦解了關羽在荊州後方的布局。

「至於進退之義，棋局縱橫十七道，合二百八十九道，不必處處爭奪，善弈者有必爭之地、也有不爭之判斷，有進的勇氣，也有退的智慧，當進不進，當退不退，則全域性必壞！」

關羽得知荊州陷落之後，既可以全速南下，進取奪回荊州，也可以果然地壯士斷腕，放棄荊州退回益州，這樣至少還可以保留有生力量。然而關羽卻猶豫不決，向荊州推進途中拖拖拉拉，更派出使者打探家小情形，結果全軍軍心渙散。待到考慮撤退之時，後路已經被截斷。

「然而，令關羽失去荊州、乃至覆亡的最大錯誤並不是如此。」

孫權微愕。

「這盤棋局的奕者，其實並非關羽與呂蒙，而是劉備與主公。」

陸伯言的意思是：這一戰雖然只是荊州局域的有限戰，可是實際上卻是孫權與劉備的全域性較量，真正導致關羽覆滅的原因，並非在關雲長自身，而是在劉備身上。

「主公聽說過棄子之說麼？」

圍棋中所謂棄子，是指奕者在某處捨棄若干棋子，以換取別處優勢的著法。陸伯言的意思，是指關羽實際上成了劉備的一粒棄子。

這一場荊州爭奪戰，從建安二十四年的秋天一直打到十二月隆冬，關羽先後與曹操、孫權兩大陣營惡戰，孫權甚至親臨前線指揮，江東主力傾巢而出。可是身為關羽之主的劉備，卻始終不曾發出一兵一卒前來荊州增援。

陸伯言率兵截斷宜都，本以為劉備一定會派兵從白帝方向增援，結果一個兵、一艘船也沒有看到。即便是與荊州接壤的上庸方向，也沒有出兵聲援的動作。

劉備在做什麼呢？與曹操的漢中爭奪戰半年前已經結束。劉備固然可以藉口益州局勢不穩或是軍隊疲憊不堪為理由，可是說到底，整個冬季不發一兵到荊州來，實在是難以理解。

原來如此，關羽成了一粒棄子，被拋棄的漢壽亭侯，不過是一支孤軍、一隻獨虎而已。這才是關羽最終就擒的直接原因。

身為一軍之將，陸伯言完全可以體會關雲長在麥城孤立無援的悲哀。

「沒有人會來救我！」

至於其中原因，實在耐人尋味，或許只有劉備、孔明等少數人知道。對於孫權、陸伯言來說，只是猜測一二：

一、劉備忙著稱王及瓜分勝利果實，無暇顧及關羽；
二、勝利沖昏了劉備君臣的頭腦，導致他們盲目自大、反應遲鈍；
三、劉備陣營內部的權力傾軋，關羽成了派系爭鬥的犧牲品。

其實，陸伯言所謂「棄子」之說還有另一層意思：關羽之戰中，劉備並未盡全力，而是坐視關羽成敗。關羽敗亡後，兩家的戰事或許將綿延不斷，拿下荊州不過是區域性的勝利而已。

陸伯言的話猶如冷水一般澆滅了孫權的喜悅，的確，他得到了荊州，可是他也得到了一個也許再也難以和解的敵人。他將如何應對與劉備的長期敵對？

58. 首級獻曹

「棄子！？」

孫仲謀反覆回味著這個話題。他有一種樂觀的想法，如果劉玄德真的把關羽當做了「棄子」，那麼他也許就不應因為失去荊州而發兵報復。

「劉玄德會報復麼？」

陸伯言的回答是肯定的，非常肯定。他認為劉玄德也許是把關羽當做了「棄子」，然而「棄人不棄地」，他一定會打著為關羽復仇的旗號大舉進攻，以圖奪回荊州。

這一戰恐怕不可避免。

「把關羽的首級獻給曹操如何？」

這是呂蒙的主意，他以為這樣可以嫁禍與人，讓劉備遷怒於曹操。

陸伯言猜測呂蒙病得不輕，倘是清醒狀態的呂蒙大概不會如此幼稚。不過他也贊成將關羽的首級送去許都，不過這不是為了嫁禍於人，而是告訴劉備：一旦他出兵攻吳，面臨的將是曹、孫聯盟。

陸伯言的猜測大致正確，呂蒙的確已經病入膏肓，孫權下令將他移入公安城的內殿，遍尋境內名醫為他治療：「能治癒呂蒙之疾者，賜千金。」

非常關切呂蒙病情的孫權幾乎每天都去探望，然而孫權一來，呂蒙每每便要從病榻上起身迎拜。於是孫權便在呂蒙病房的牆壁上鑿出小孔，暗自窺探。看到呂蒙稍有起色、略有進食便大喜，對左右說：「子明的病快好了。」

待見到呂蒙臉色蒼白、全無食慾之時，孫權便為之心酸：「子明危矣！」

到這月的下旬，呂蒙一度出現了康復的跡象，孫權欣喜若狂，下令大赦境內，一時群臣畢賀。可那不過是迴光返照，數日後呂蒙便再度病危，亂了陣腳的孫權召來道士，披髮仗劍，踏罡步斗，為呂蒙請命。

道士施完法術，眾人去看病榻上的呂蒙，肢體冰涼、早已一命嗚呼。可憐一代將星吳下阿蒙就此隕落，享年只有四十二歲而已。

一個月後，笑納了關羽首級的曹操也在洛陽病逝。民間流言說曹操和呂蒙都是被關雲長的魂魄索命而死，後世羅貫中據此演繹出一段關公顯靈的詭異情節：

> 卻說孫權既害了關公，遂盡收荊襄之地，賞犒三軍，設宴大會諸將慶功；置呂蒙於上位，顧謂眾將曰：「孤久不得荊州，今唾手而得，皆子明之功也。」蒙再三遜謝。權曰：「昔周郎雄略過人，破曹操於赤壁，不幸早夭，魯子敬代之。子敬初見孤時，便及帝王大略，此一快也；曹操東下，諸人皆勸孤降，子敬獨勸孤召公瑾逆而擊之，此二快也；唯勸吾借荊州與劉備，是其一短。今子明設計定謀，立取荊州，勝子敬、周郎多矣！」於是親酌酒賜呂蒙。呂蒙接酒欲飲，忽然擲杯於地，一手揪住孫權，厲聲大罵曰：「碧眼小兒！紫髯鼠輩！還識我否？」眾將大驚，急救時，蒙推倒孫權，大步前進，坐於孫權位上，兩眉倒豎，雙眼圓

睜，大喝曰：「我自破黃巾以來，縱橫天下三十餘年，今被汝一旦以奸計圖我，我生不能啖汝之肉，死當追呂賊之魂！我乃漢壽亭侯關雲長也。」權大驚，慌忙率大小將士，皆下拜。只見呂蒙倒於地上，七竅流血而死。眾將見之，無不恐懼。權將呂蒙屍首，具棺安葬，贈南郡太守、孱陵侯；命其子呂霸襲爵。孫權自此感關公之事，驚訝不已。

和周瑜、魯肅一樣，呂蒙臨終之前也推舉一人作為自己的後任，孫權以為他會說出陸伯言的名字，因為呂蒙曾經如此高度評價陸伯言：「陸遜意思深長，才堪負重，觀其規慮，終可大任。」

可是自呂蒙口中吐出的人名卻是朱然。

「朱然膽守有餘，愚以為可任。」

沒想到呂蒙推薦的人居然是孫權的老同學朱然。沒錯，這位老弟確有膽識，打起仗來也不愧為一員虎將，可是將要接替呂蒙之人必須是統帥、大將之才，老同學能勝任麼？

孫權心裡嘀咕，莫非呂蒙是誤解了自己的意思。麥城之圍，孫權曾經授意呂蒙，安排朱然與潘璋擔當圍城之任，這的確有他的私心。朱然、潘璋都是他的愛將，但是一直沒建立過什麼顯赫的戰功。所以這一次把生擒關羽的大好機會給他們，是讓他們好好表現自己，孫權也好順理成章地給這哥倆加官晉爵。

事後，朱然晉升為昭武將軍、西安鄉侯，潘璋晉升為振威將軍、溧陽侯。

或許正是孫權的這種做法，讓呂蒙產生了這樣的想法：「主公如此照顧這兩位，莫不是有意栽培？既然如此，我就做個順水人情好了。」

事已至此，孫權儘管意外，但還是遵從了死者的意願，假朱然節、鎮守江陵。從此，朱然成了荊州諸將包括陸伯言在內一眾的上司。

這個消息傳到益州劉備的耳中，已經是建安二十五年的春天。

「取代病夫呂蒙的傢伙是朱然麼，我們奪回荊州的機會來了。」

第九章 陸遜的涅槃

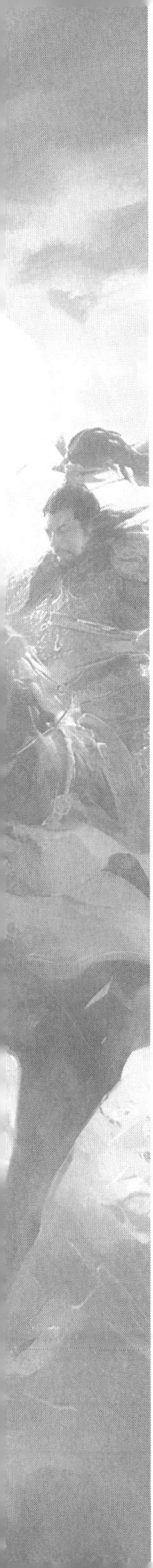

劉備來了，他生氣，說是因為關羽，其實我明白，他是為了荊州。就好比是兩個男人同時看中了一個漂亮的女人，誰也不肯讓步。荊州便是這樣一個漂亮的女人，當初我是如此為了得到她而輾轉反側，如今劉玄德就如何地坐立不安，情景再現，只是苦主成了他。

唯有一場決鬥可以決定荊州的歸屬。可惜的是在決鬥的前夜，我才發現手中居然沒有一把好刀。周郎早已遠去，就連呂蒙也早早退場，我發現自己不得不依靠一個書生。

說實話，我的心裡很沒譜。吳郡陸家雖然是江東名門，可是世代都是書香門第，從來沒有出過一個武將，陸伯言尤其是個斯文人，當初派他去海昌，打打海盜、山賊倒還行，可這會對手是老兵油子劉玄德。

劉備何許人也？曹操說過：「劉備，吾儔也。但得計少晚。」（劉備和我是一個類型的人物，只不過反應稍微遲鈍一些罷了）前兩年在漢中戰場上，劉備成功地擊退曹操，斬殺夏侯淵，一舉平定了巴蜀局勢。從當年一個販履織蓆的小兒到今日的梟雄，這人實在不簡單。

陸伯言肩上的擔子很重，我知道很多將領都不服他。當年程普不服周瑜，可是周瑜畢竟征戰多年，在軍中有自己的基礎。可是陸伯言完全沒有自己的底子，要在短時間內把關係梳理好，很不容易。然而這種事我其實是不會幫他去搞定的，因為我認為如果陸伯言連自己人都搞不定，又如何去搞定劉備呢？

同時，我也不打算給陸伯言太多人馬，道理很簡單，我得留點家底以防萬一，另外，北方的曹丕也不是什麼善茬，我得防著他點。

這一年是曹魏的黃初二年、蜀漢的章武元年，比我少的曹丕、比我老的劉備都做起了皇帝瘾，我只是吳王而已，咱不著急，人各有路，我只求走好我的路罷了。

——孫仲謀的獨白

59. 火山口上

如果把此時的荊州比喻為一座即將爆發的火山，陸伯言所在的宜都郡無疑是火山口，西邊的劉備正在磨刀霍霍，緊張的空氣似乎抓住了每一個人，流言遍地，幾乎每天都能聽到這樣的聲音：「劉備來了，他的先鋒大將是百萬軍中取上將之頭如探囊取物的張飛！」

每當這時，陸伯言便從容地與孫舒城撫琴、下棋，沒事人一般。那些驚惶失措的人自己折騰到沒勁，也就回家歇息了。

整個西元二二〇年，南國都是太平無事，只不過在北方，四百年的大漢帝國終於壽終正寢，繼承老父權位不到一年的曹丕迫不及待地篡奪了帝位，建立起被後人稱為「曹魏」的帝國。

幾個月後，即西元二二一的夏天，以漢室宗親自居的劉備同樣迫不及待地宣布漢獻帝的死訊，登基為帝，他的王朝以漢朝的延續者自稱，不過在史冊上以及第三者眼中，這個王朝因為局促於巴蜀一隅而被命名為「蜀漢」。

這一年孫權四十歲，從公安遷居到江夏郡下的鄂城，立在城頭眺望大江東去日夜白的孫仲謀感慨萬千：「即將與劉備開戰，預祝我武運昌盛吧！」由此改鄂城名為武昌。

從武昌、江陵到宜都，孫權實際上設下了三道戰線，第一道是陸伯言，第二道是朱然、諸葛瑾，第三道便是孫仲謀自己。

可是首當其衝的陸伯言還未見到一個蜀軍，後方已經騷亂起來。據說劉備已經出兵的流言傳到了武昌，孫權一度打算派人求和。南郡太守諸葛瑾倒是看得很明白：「到了這個地步，劉備這麼還會答應恢復和平？除非是將荊州割讓給劉備。」

孫權大怒，呂蒙拿命換來的荊州怎麼可以割讓！他讓諸葛瑾寫信給劉備，信中寫道：「奄聞旗鼓來至白帝，或恐議臣以吳王侵取此州，危害關羽，怨深禍大，不宜答和，此用心於小，末留意於大者也。試為陛下論其輕重，及其大小。陛下若抑威損忿，暫省瑾言者，計可立決，不復諮之於群後也。陛下以關羽之親何如先帝？荊州大小孰與海內？俱應仇疾，誰當先後？若審此數，易於反掌。」

結果自然是石沉大海、了無音訊。

轉眼將由夏入秋，天氣漸漸涼了，劉備的兵還不曾來，卻有意料之外的事件接二連三地發生，令沉著的陸伯言驚得幾乎要跳起來。

「怎麼了？」孫舒城從未看到夫君如此訝異的模樣。

陸伯言的面前是一個小匣子，當士卒打開匣子，就連孫舒城也嚇了一跳，原來匣子裡是一個男人的首級。

「好了，封起來送往武昌！」陸伯言吩咐完畢，士卒帶著匣子下去了，孫舒城才大著膽子發問：

「是誰的首級？」

「你也想不到的。」陸伯言說，「是張飛的首級。」

張飛是劉備陣營中最知名的大將之一，地位僅次於關羽而已，在沙場上有「萬人敵」的威名。然而和關羽一樣，張飛也有自己的缺點。後人歸納為一句話：「羽善待卒伍而驕於士大夫，飛愛敬君子而不恤小人。」所謂性格決定命運，張飛終於死在了這句話上。

這時劉備的確已經在積極備戰，張飛帶著本部軍一萬多人，從閬中南下到江州與劉備會合，誰想到臨出發之際，他又犯下了「不恤小人」的老毛病，於是不堪忍受鞭撻虐待的帳下將張達、范強合謀殺了張飛，帶著首級來到宜都。

這是令陸伯言驚訝的第一件事，至於第二件怪事，則來自內部，軍中傳言：「最近有一位江東重臣派出密使與劉備勾結，出賣了大量的江東軍情。」更令陸伯言震驚的是：流言言之鑿鑿、指名道姓，說這個勾結劉備的「江東重臣」就是諸葛瑾。

風雨欲來的前夜，最盛的是各種捕風捉影的謠言。諸葛瑾的弟弟諸葛亮已經在蜀漢帝國當上了丞相，一人之上萬人之下。也難怪有此流言，諸葛瑾與劉備有所勾結，似乎在情理之中。

據說關於諸葛瑾的謠言終於傳播到了孫權耳中，起初孫權只是一笑：「孤與子瑜有死生不易之誓，子瑜之不負孤，猶孤之不負子瑜也。」

可是謠言越傳越烈，最新的版本是：諸葛瑾利用他身為南郡太守的職權，已經把從峽口到江陵的沿線布防圖送到了益州，劉備和諸葛亮此刻正在成都皇宮中掌燈觀摩呢！

諸葛瑾會不會真的叛變？在這亂世，誰又能保證誰？如果諸葛瑾真的叛亂，第一個倒楣的便是陸伯言，因為他所鎮守的宜都郡正好在諸葛瑾掌管的南郡和劉備勢力之間。可想而知，到時候他一定會遭遇諸葛瑾與劉備軍的夾攻，死得很難看。

最穩妥的辦法，莫過於撤掉諸葛瑾的職務，讓更清白可靠的人來擔任南郡太守之職。

「寫信給主公，提議撤換南郡太守如何？」

陸伯言閉著眼睛想了很久，否定了這個主意。大敵當前，如果江東內部互相猜忌，必然不戰自亂，給劉備乘虛而入的機會。

相反，陸伯言決心為諸葛瑾進言。他給孫權寫信說：

「諸葛瑾一定沒有謀反之意，可是眾口鑠金、人言可畏，真的逼急了，說不定弄假成真。主公應該造作決斷，澄清謠言，安定眾人之心，也安定諸葛瑾之心。」

沒多久孫權就回信了，信寫得還挺長，他說諸葛瑾和自己已經相識多年，到了「恩如骨肉，深相明究」的程度。

「想當年劉備曾經派孔明到江東來，我跟子瑜（諸葛瑾）說，你和孔明是親兄弟，做兄弟的應該追隨大哥，你為什麼不留下孔明共事江東呢？子瑜回答我說，孔明已經對劉備死心塌地，他對劉備忠心耿耿、不會更改就如跟我諸葛瑾不會叛離江東一樣！」

孫權在信中回憶往事，動情地說：「諸葛瑾的話出自肺腑、足以感動神靈，怎麼可能會叛變呢？所以我是絕對不會相信那些謠言，那些說子瑜壞話的書信，我全部都封起來轉給子瑜過目！」

孫權告訴陸伯言，他與諸葛瑾的交情可以說是「神交」，不是外人幾句話可以離間的。可喜的是你並不落井下石，反而為諸葛瑾辯護，可見你的厚意，我會把你的信轉給子瑜看，讓他明白你的好意。

陸伯言看了這封回信，倒吸一口冷氣，幸好沒有提議換人，要不然可就得罪大佬了。沒想到諸葛瑾在孫權心目中地位如此穩固，倒顯得我瞎操心了。

陸伯言不知，這封看似多餘的信，給他帶來的是逆轉人生的大機遇！

60. 劉備之勢

眼下的江東正如一鍋亂粥，即便是一些老資格的將領，也在這迷局中辨明不了方向，關於諸葛瑾的謠言，居然矇騙了許多人。以至於江陵一帶人心惶惶。曾經得到呂蒙推薦、如今主持荊州軍事、與諸葛瑾一起鎮守南郡的朱然也是其中之一，他接連寫密奏給孫權，聲稱諸葛瑾不可靠，主張立刻換人。

數日後，孫權在武昌召見朱然，一見面，孫權便喝問：

「你怎麼知道諸葛瑾不可靠？」

「流言甚多，都說他與西蜀勾結，所謂無風不起浪，不可不信！」

「散布流言、離間將帥乃是兵法中常見的招數，你身為一方主將，為何不相信自己的同僚而相信不明來源的流言。」

「雖然流言可疑，但是大敵當前，穩妥起見，還是將諸葛瑾調離南郡為好！」

「哦，調去何處？」

「交州如何？」

第九章　陸遜的涅槃

朱然居然建議把諸葛瑾調任交州（今越南），孫權真是哭笑不得。然而以朱然的立場而言，諸葛瑾萬一真的與劉備勾結，一定會殺了朱然，然後占據江陵城響應劉備。所以朱然為了保證自己的安全，必須排除這一隱患。

可是對於老同學懇切的建議，孫權卻以一通大笑來回答。朱然迷惑不解地望著孫權，發現他一臉戲謔狀。

「義封你上當了！」義封是朱然的字。

「哎？」

「所謂諸葛瑾叛亂之類的消息，其實是孤散布出去的謠言而已。」

「什麼，是主公？」

「目的是看你與子瑜是否團結一致、相處無間。」孫權一臉無辜地說，「如今看來，你和子瑜不適合待在一起，也罷，你帶著本部軍五千人去宜都與陸伯言會合，準備抵禦劉備之軍。」

「那麼諸葛瑾呢？」

「當然不是去交州，而是留在江陵，為你們保證後勤補給。」

原來如此，朱然恍然大悟、卻又沮喪萬分，自己居然沒看穿這是一個迷局。不過孫權的分派倒是讓他滿意，以猛將自詡的朱然最迫切的願望，就是去宜都前線參戰。

如今在宜都坐鎮的陸伯言說穿了不過是個書生罷了，如何能抵禦身經百戰的劉備大軍呢？

孫權目送朱然的離去，心想這位老同學的確不是擔當大都督的料，為將者，當如《孫子兵法》所云：「其疾如風，其徐如林，侵掠如火，不動如山，難知如陰，動如雷震。」如今一句流言便把朱然搞得神魂不定，他如何能統御三軍與老奸巨猾的劉備對壘！

至於諸葛瑾，孫權可以完全放心了，透過這麼一折騰，諸葛瑾體會到孫權對他的信任與愛護，一定會感激得五體投地。

所謂「一石二鳥」，孫權藉助所謂諸葛瑾與劉備勾結的流言，試探了將領們的心，又鞏固了諸葛瑾對自己的忠誠，這一次的策略獲得了極大的成功。

然而誰能擔任這大都督之職呢？若是父親孫堅、兄長孫策一定會領兵親征，可是孫權已經在逍遙津嘗盡了苦頭，有了自知之明。他深知選取一名有力的將領主持前線，會比自己越庖代俎、親臨戰場好得多。

第九章　陸遜的涅槃

煩惱正在於此，昔日的江東英傑近幾年日漸凋零，赤壁之戰後，周瑜、魯肅、程普、黃蓋相繼去世，襲取關羽一役前後，蔣欽、呂蒙、孫皎先後病逝。元老級將領中，唯有韓當倖存，這位出身遼西的老將目前官居偏將軍、永昌太守，素有猛將之名，衝鋒陷陣、弓馬騎射是他的長處，可是在統領全軍、策略部署方面，顯然韓當的才能略顯不足。

宗親貴戚中，與周瑜同名的孫瑜已經死了，孫皎也在荊州死了，當年死於孫翊事件的孫河倒是有個兒子叫孫桓，今年二十五歲，官拜安東中郎將驍勇善戰，可是畢竟太年輕了。

中生代將領中，甘寧倒是個合適的人選，他是巴郡人，又是水賊出身，熟悉巴、楚一帶的地形水勢。可是大戰前夕，他卻突然染病而亡。

至於凌統、周泰、潘璋等人，都猛烈有餘，統領全軍的才器不足。

推算下來，孫權發現偌大個江東，號稱文武人才濟濟，到了這最危急的時刻，居然無人可用。

然而正當孫權猶豫不斷之時，劉備的大軍已經敲鑼打鼓地登上征程，因為張飛已死，漢軍的領軍大將人選尤其引人關注。

「是趙子龍麼？」

「不，是吳班、馮習。」

原來劉備的東征之前，趙雲曾極力反對，他認為劉備繼承的是大漢基業，而大漢的首要敵人不是孫權、而是篡奪了漢家江山的曹丕。如今劉備貿然與孫權開戰，雙方力量相當，一旦陷入僵持，光復漢室、收復中原便成了不可實現的任務。

朝廷百官中，附和趙雲的文武人數極多，可見趙雲的觀點絕非一家之言，然而劉備完全當做耳邊風。更因為這個緣故，一度將趙雲閒置不用，當然魏延要鎮守漢中，也不宜輕動。至於馬超，考慮到擅長騎兵的他在巴山蜀水間難有用武之地，所以也只好不用。

於是劉備最終選用了吳班、馮習組合，吳班是國舅爺吳懿的族弟，而馮習則是荊州公安人氏，熟悉荊州地理與風土人情。這兩員將領的組合，也算得上是相得益彰的互補了。

對於這一切，人們注意著一位朝中重臣的奇怪態度。

「為何諸葛丞相一語不發？」

孔明的緘默事出有因，他的哥哥諸葛瑾正在孫權手下擔任南郡太守之職，關係尷尬。從內心而言，他非常贊同趙雲的觀點，可是他也能體會劉備的想法。

「荊州很重要，不能就這樣丟給孫權！」

當初隆中對，諸葛亮對劉備慷慨陳詞：

若跨有荊、益，保其巖阻，西和諸戎，南撫夷越，外結好孫權，內修政理；天下有變，則命一上將將荊州之軍以向宛、洛，將軍身率益州之眾出於秦川，百姓孰敢不簞食壺漿，以迎將軍者乎？誠如是，則霸業可成，漢室可興矣。

諸葛亮為劉備描繪的霸業藍圖正是以占據荊州和益州為基礎的，如今他又如何阻止劉備東征呢？孔明唯有默默祈願：「希望能順利奪回荊州，勿生枝節！」

關於江東可能的應對之策，諸葛亮有所考慮：聽說建策襲取荊州的呂蒙已死，孫權帳下名將又相繼病故，可用之人不多。所以孫權很可能會親自到荊州禦敵，這樣一來在旁虎視眈眈的曹丕必然會興師南下，襲取空虛的江東。這樣一來，孫權便陷入腹背受敵的悲慘境地。

如此看來，劉備東征、奪回荊州的勝算怎麼說也在六成以上吧！既然如此，不妨讓他去試試。抱著如此心態的諸葛亮安然地接受了留守成都的安排。

61. 忍辱負重

「投降曹魏如何？」

孫權的話一出，在文武中掀起軒然巨波。

「早知如此，當初何必在赤壁與曹操死拼？」張昭微閉雙眼，作出置身事外的姿態。孫權也不去管他，如今的他越來越習慣於獨斷，所以與群臣合議此事，不過想看看他們的反應罷了。

「可喜可賀！」一貫沉默不語的老實人顧雍忽然說了這麼一句驚人之語。

「什麼，你說投降是可喜可賀之事麼！」

「不對，我說的是主公能學習勾踐臥薪嘗膽之義，所以可喜可賀！」

「呵呵，顧君要麼不說話，一旦開口，便有驚人之語！」孫權暗喜，他的心思，居然被顧雍猜中了。

當年越王勾踐被吳國打敗，被迫屈膝投降、臣事吳王夫差多年後才得以歸國。此後勾踐忍辱負重、臥薪嘗膽，經過「十年生聚又十年教訓」，終於復興越國，反攻破吳。

如今的情勢之下，孫權西有劉備、北有曹丕兩大強敵，劉備一旦入侵，孫權必須全力以赴、抵禦西來之敵，可是這樣一來曹丕便會乘虛而入，孫權危矣！

無論如何，必須與其中一方取得和解，專心對付另一方。

長遠來看，孫、劉兩家聯合起來抗衡曹丕才是正道。可是如今的劉備已經失去理智，孫權唯有企求與曹丕的和解，哪怕只是暫時、一兩年的和解。

但是曹丕不可能無緣無故接受孫權的橄欖枝，孫權必須有所犧牲，或者說扔出誘餌，才能讓曹丕這條魚兒上鉤。

當初勾踐為了迷惑夫差，不惜自己到吳國為奴，又獻出美女西施，可謂看準了夫差自大又好色的缺點。

如今孫仲謀也要摸準曹丕的脾氣，才能投其所好、拿捏住此人！

然而曹丕究竟是怎樣的人呢？聽說他才氣洋溢、能下筆成章，又擅長劍術，可以說是一個文武全才的人物。然而他的負面傳聞也不少，冀州之役後是他第一個闖入袁氏府邸，納袁熙的妻子甄氏為自己的夫人，由此被認為是好色之徒。乃父曹操縱橫天下、橫掃群雄多年而不敢越雷池一步，保持漢臣的身分而終，這位曹丕卻在繼承父親權位不足一年之中便急吼吼地篡奪了漢帝之位，由此被認為是篡國大盜。

因為年輕得志，所以好大喜功、急於求成，這便是曹丕的命門。孫權正是看準了曹丕的這一缺陷，有的放矢地為曹丕安排下誘人的香餌。

這一年的八月，孫權的使者進抵洛陽，獻上了降書以及在荊州地牢中發現的曹魏老將于禁（他被關羽俘虜，一直關押於荊州）。

孫權曾經在曹操生前上書勸他廢漢自立，曹操一眼看穿這是孫仲謀的詭計，笑言：「這小子是打算把我放在爐火上烤呢！」可是曹丕卻不以為然，他認為廢漢自立的思路完全正確，所以對素未謀面的孫仲謀產生了一種奇異的好感。如今看到孫仲謀言辭謙卑的降書，曹丕更是心花怒放，雖然有明智之士提醒他：這只是孫權的緩兵之計，不是真的投降。曹丕卻執迷不悟，當月的十九（農曆丁巳日），曹丕派遣部長級高官太常卿邢貞出訪江東，冊封孫權為吳王、加九錫。

「魚兒已經吞下香餌。」曹丕的反應令孫權大喜。

「雖然如此，也要稍稍顯示我們的實力。」顧雍說。

孫權贊成這個想法，如果太過軟弱，驕傲的曹丕就會產生江東不堪一擊、可以立刻吞併的錯覺。稍稍顯示實力，說明江東雖然投降，卻還擁有不可小視的力量，曹丕就會滿足於目前的小小虛榮。

「如果過分壓迫江東，反而會引起孫權的反抗。既然如此，讓江東盡屬國的本分就可以了。」

於是一場大戲開鑼，唯一的觀眾是曹丕的欽差大臣邢貞。

起初是群眾演員上場，亂哄哄叫嚷：「主公應該自稱上將軍、九州伯，何必受魏的冊封！」與之相對應的是孫權謙卑地出迎欽差，而趾高氣揚的欽差邢貞居然沒有下車回禮，這樣一來江東的演員們便找到了情緒的宣洩口。

重量級人物張昭出場，當面指責邢貞身為中原人士居然不守禮數，妄自尊大，難道江南已經軟弱到沒有方寸長短的刀刃來砍你的頭顱麼？這話說得氣勢洶洶，可是在理。邢貞只好乖乖下車，還沒換過勁來，另一齣好戲已經上演：中郎將徐盛聲淚俱下地向同僚們大聲喊話：「我們做臣子的不能奮身出命，為主公北伐許、洛，西吞巴、蜀，以至於有今日之事，這真是我等的奇恥大辱！」

這話其實是說給邢貞聽的，很自然，這種群情激憤的場面給了他深刻的印象：

「江東將相如此，非久下人者也。」

作為回應，孫權派遣中大夫南陽人趙咨跟隨邢貞前往洛陽答謝大魏皇帝曹丕的冊封。在洛陽殿上，趙咨不卑不亢的回答也讓曹丕大為驚訝。

曹丕問：「吳王何等主也？」趙咨答：「聰明、仁智、雄略之主也。」

曹丕追問：「何以知之？」趙咨答：「納魯肅於凡品，是其聰也；拔呂蒙於行陳，是其明也；獲于禁而不害，是其仁也；取荊州兵不血刃，是其智也；據三州虎視於天下，是其雄也；屈身於陛下，是其略也。」

以文人自居的曹丕又問：「吳王頗知學乎？」趙咨半帶諷刺地回答：「吳王浮江萬艘，帶甲百萬，任賢使能，志存經略，雖有餘閒，博覽書傳，歷史籍，採奇異，不效書生尋章摘句而已。」

在文字上討不到便宜的曹丕又想借助武力威脅，他問：「吳可征否？」趙咨毫無懼色，對答如流：「大國有征伐之兵，小國有備禦之固。」

曹丕繼續武力威脅：「吳國害怕我大魏麼？」趙咨依舊不亂：「東有帶甲百萬，江、漢為池，何須害怕！

最後曹丕樂了，他覺得這個人不簡單：「在吳國，像你這樣的人才能有幾個？」趙咨哈哈一笑：「聰明特達者，八九十人；如臣之比，車載斗量，不可勝數。」

這一場充滿智力較量色彩的辯答，最終告訴曹丕一個也許是曾被他忽視的現實：「江東不可小覷！孫仲謀不可小覷！」

至於孫權這邊，此刻正打量著曹丕索要貢品的清單：雀頭香、大貝、明珠、象牙、犀角、玳瑁、孔雀、翡翠、鬥鴨、長鳴雞……從這份清單上，孫仲謀似乎已經看穿了曹丕的將來。

「這些東西對我而言無異於瓦石。」孫權下令如數貢獻，「原來曹丕的所求就是這些，曹孟德聽說此事，大概會為自己生了這樣的兒子而在泉下偷偷地哭泣吧！

62. 七百里退卻

「大都督是陸伯言！」

孫仲謀的特使抵達宜都，宣布了吳王的決斷：

以鎮西將軍陸議為大都督、假節，督將軍朱然、潘璋、宋謙、韓當、徐盛、鮮於丹、孫桓等。

「可喜可賀。」特使將大都督的印、劍交付給陸伯言，在場的將領有朱然與孫桓等人。

「竟然是陸伯言……」

將領們嘖嘖稱奇，潛臺詞是陸伯言並不夠格當這個大都督。

「對手是飽經沙場的劉玄德，怎麼能啟用一個毫無經驗的書生為大都督呢？」最大的質疑在於陸伯言的履歷表，在海昌的政績可以說明他是一個循吏，至於剿滅會稽山賊大帥潘臨、鄱陽賊帥尤突、丹楊賊帥費棧等戰績，因為對手只是山賊而已，在韓當、朱然們看來，未免是小兒科。只有此前肅清宜都郡的行動可以說是個亮點，然而僅此而已。

很自然的，人們聯想到陸伯言與孫權的姻親關係。

「若非娶了孫討逆之女為妻，陸伯言不可能當上大都督！」

「憑藉姻親關係而當上大都督之人，必然會在沙場上露餡。可是江東的命運卻因此岌岌可危，真不知主公在想些什麼？」

「難道說主公已經決定放棄荊州了麼？呂蒙的血恐怕要白流了。」

軍中議論紛紛，前線軍情則一陣緊似一陣，駐紮在巫縣一帶的李異、劉阿兵團首先遭遇劉備軍前鋒吳班、馮習的猛烈攻擊。

「眼下應該迅速派兵增援巫縣才是！」固陵太守潘璋從秭歸趕來求救，所謂固陵郡，其實是從宜都郡劃出巫縣和秭歸兩城設立的新郡，自己的轄區遭遇攻擊，潘璋自然是最焦急的人。

「都督快發兵吧！」韓當、朱然等紛紛進言，為潘璋幫腔，可是陸伯言不為所動。

「如果巫縣失守，劉備軍便會長驅直入，到時候都督該如何抵敵呢？」潘璋有些惱火了。

「不但是巫縣，就是秭歸也要放棄。」陸伯言手按地圖，他的態度很從容，對於數百里外的廝殺，他無動於衷。

潘璋一時聽呆了。秭歸是固陵郡的首府，身為固陵太守，一旦失去秭歸，他這個太守頭銜還有什麼意義？

我不會是聽錯了吧！

然而陸伯言的話卻明白無誤地進入他的耳中：「放棄秭歸，退守到當陽、麥城一線。」

潘璋徹底迷惑了：當陽、麥城沒有一個劉備軍，去那裡做甚？

在諸將之中，潘璋的人馬最多，甘寧死後，孫權把甘寧的部曲配備到了他的麾下。可以說是軍中之軍，也正是因此孫權委任他守備固陵。然而此刻陸伯言卻下令他放棄巫縣和秭歸，向北線的當陽、麥城轉移。

「這真是奇怪了，敵人從西邊來，我們卻往東北方向進軍！」潘璋決心拖延執行陸伯言這項莫名其妙的軍令。

「身為固陵太守，我自然要固守於此！」

結果，李異、劉阿兵團終於被擊潰，就連發誓要固守城池的潘璋也抵擋不住劉備大軍的前進步伐，損失慘重的潘璋無奈，只能帶著餘部去了當陽、麥城。

潘璋是孫權的愛將，或是正因為此，他才敢拖延、違抗陸伯言的軍令。但是在夷陵的大營裡，眾人卻一口認為，是陸伯言拒絕增援才導致了巫縣的潰敗，如今劉玄德大軍已經突破固陵郡，陸伯言將無險可守。

然而劉備大軍的推進卻很緩慢，從巫縣到秭歸，再從秭歸東進的漢兵因為放棄了水軍，所以艱難地翻山越嶺而來。

「為什麼不坐船呢？」

「混帳，江東軍的長處便在於水戰，別忘了當年曹孟德便是在烏林江面上喪失了他的大軍！」曾經參與赤壁之戰的劉備顯然對江東水師的厲害印象深刻，所以不惜犧牲行軍速度以保證安全。

當疲憊不堪的漢軍推進到夷陵地界，已經是章武二年的春天。

在劉備看來，這場戰爭的勝負已定，大軍已經走出最艱難險阻之峽口，來到了荊州腹地。為了以防萬一，劉備派遣黃權去江北觀察曹魏的動向，又派馬良去湘西武陵，拿著金玉綢緞收買武陵的五溪蠻頭目，讓他們出兵作為聲援。

劉備的本部大軍八萬餘人則連結成營，從巫峽一直到夷陵，連綿不斷的山脈間是劉備同樣連綿不斷的軍營，整整七百里連營，分成五十個屯，前後呼應。

劉備驕傲地想：此乃鬼神見了也為之喪膽的雄偉大軍！

然而仔細想想，從巫峽到夷陵，劉備的十萬大軍翻山越嶺、艱苦跋涉，辛苦是蠻辛苦，可是卻沒能殲滅一支敵軍，巫縣的李異、劉阿兵團到末了棄城逃走，秭歸的潘璋也溜得挺快，陸伯言的本部軍則堅守城池不出，劉備御駕親征出來這麼久，實際上殲滅的敵軍不足五千人。

劉備感覺自己必須重新審視自己的對手，假如敵人是有意放棄巫縣、秭歸，引誘我軍至此，那麼可以說敵人的謀略成功了。然而他的下一步計劃是什麼？堅守待援還是出城迎戰？

劉備希望對手出城迎戰，這樣他的大軍可以在野戰中一舉殲滅敵軍主力，然後輕鬆地掃除荊州各郡縣，再順流直下攻陷江東。

不管對手有何意圖，劉備的取勝之道是誘敵出戰。

雖然諸葛亮不在身邊，可是征戰沙場數十年的劉備又怎麼會想不出一條誘敵出戰的奇謀呢，很快一個巧妙的方案在劉玄德的腦中形成。

「這會一定能把那個叫陸伯言的傢伙引誘出來！」

想到數萬東吳軍士將在自己巧妙而完美的謀略中走向死亡之路，劉玄德不禁面露笑容，顯出得意洋洋的神色。這年他六十二歲，自以為已經是個充分汲取了人間智慧的老人。

63. 監軍之計

一艘小船從武昌而來，進入了陸伯言的轄區。從船上款款而下的女子正是孫權的姪女、陸伯言之妻孫舒城。

「夫人怎麼來了？」

陸伯言的驚訝可以理解，按照江東的潛規則，凡是領兵出征的將領、尤其是統領大軍的大都督，往往會把自己的家眷留在後方。表面上這是出於安全考慮，實際上卻是為了讓主公孫權安心，留在後方的家眷便是人質。遵循這個潛規則，包括陸伯言在內等一班將領都把家眷留在了建業。直到戰爭結束之後才能相見。

然而孫舒城卻大膽地向叔父孫權提出了前往夷陵的請求。

「舒兒，夷陵現在可是廝殺的戰場，身為女子應該迴避那種危險地方！」

「正是因為危險，所以才要去夷陵。」孫舒城的口氣十分堅決。

對手是天下聞名的劉玄德，兵力上又遠遠少於對手，加上陸伯言的臨戰經驗又極其不足，這一戰勝利的機率會有幾成呢？

如果戰敗，陸伯言也許就會喪命。如果戰勝，陸伯言便是挽救東吳於危亡的中流砥柱。如此說來，這一戰決定丈夫的生死榮辱，身為妻子又怎能置身事外？孫舒城決心到夷陵城去，與陸伯言共度這生死攸關的命運之戰。

可是單是這麼說，叔父孫權一定不會答應。孫舒城雖為女子，但是早已經從姑姑孫尚香的遭遇中看出了孫權的立場：他對親情無動於衷，完全沉浸在政治利害與權力爭鬥的考量之中。

對於孫權而言，若是知曉自己在姪女眼中竟是這般形象，大概會既悲哀又無奈吧。可是此時的孫權只是把孫舒城看做是新婚燕爾、掛念丈夫的小婦人而已。

「是在擔心陸伯言在夷陵做出風流之事麼！」

雖然這個時代男子三妻四妾是尋常事，可是也總有一些執著的女子會忍不住流露自己的嫉妒之意。孫權自己深有體會，當他迎娶貌美的孀婦徐氏時，元配謝氏毫不掩飾她的憤怒；而當徐氏漸漸失寵，地位被新來的步氏所取代時，徐氏又陷入嫉妒的狂躁，令孫權對她更加厭惡。

「倘若妳大度一些，孤本來要立你為王后的！」

本來有意立徐氏為王后的孫權，如今完全把心思放在了步氏身上。步氏不但擅於掩飾自己的嫉妒，更多次把後庭的美人推薦給孫權，這種乖巧獻媚的大度姿態，令孫權對步氏刮目相見。

「能做王后的女子，可不僅僅是漂亮而已！」

回到孫舒城這件事上，孫權不打算讓孫舒城去夷陵，一方面固然是因為人質的需要，另一方面也是希望孫舒城能夠克制自己的嫉妒之心，更好地抓住陸伯言的心。

第九章　陸遜的涅槃

「女人若是對男人逼得太緊，說不定反而會失去那個男人。」孫權想到自己的妹妹孫尚香，有時候他會想：孫尚香很漂亮、聰明，為什麼會得不到劉玄德的愛憐呢？大概是因為太過強勢，急於抓住劉玄德的心，反而引起了劉玄德的抵抗，以至於一旦有機會，劉備便如遇大赦般地棄孫尚香而去。

所以孫權主張孫舒城留在武昌。

「如果已經為陸伯言生下一男半女的話，我一定會留在這裡。」孫舒城平靜地說，她的沉著令孫權感到意外。他咀嚼著姪女話中的意味，不錯，最好的人質是大將的妻兒，如果只是妻子的話，效果會差很多。

劉備曾經多次拋棄自己的妻子，唯獨對甘夫人割捨不下，因為她為他生下了兒子阿斗。當日如果孫尚香能與劉備有一兒半女，結局也不會如斯悲慘。眼下這件事，陸伯言如果有二心，大概會毫不猶豫地拋棄孫舒城！

本來就是孫權塞給陸伯言的妻子，如今卻當做人質，豈不是很可笑麼？

「叔叔如果對伯言不放心，更該讓我去夷陵。」孫舒城說，「聽說古代大將出征，國君會派出一名監軍，我就做陸伯言的監軍好了。」

「哈哈，什麼話，用人不疑疑人不用，孤對伯言放心得很！」孫權以一陣大笑掩飾自己的尷尬，他不得不說孫舒城很聰明，一言中的！陸伯言目前掌握著總計五萬的兵力，甚至超過了當初的周瑜。孫權對他沒有一絲猜忌，那是不可能的事。

然而無論是以往的周瑜還是如今的陸伯言，孫權堅持不派監軍，因為他甚至一旦派出監軍，君臣之間肝膽相照的溫情便會消失無蹤，取而代之的是難堪的相互猜忌。身為都督的陸伯言一定會想：「主公畢竟還是對我不信任！」而派去擔任監軍的那位老兄則會千方百計尋找陸伯言的不是，如此一來，彼此掣肘。戰事未決，敗像已經流露。

如果是派孫舒城去，倒是可以顯示孫仲謀的大度以及對陸伯言的充分信任：「老婆都幫你送來了，可見你我君臣相知的情義是多麼深厚！」而孫舒城身為孫家的女兒，也一定會忠實地監視陸伯言，將一切不軌的萌芽掩滅於雛形。

「哎呀，真是拿小丫頭沒辦法，如果一定要去夷陵的話，明日就動身吧！」

孫舒城得償所願，想得不久可以見到陸伯言，她兩頰緋紅地退了下去。孫權注視著她的離去，心道：「到底是大哥的女兒，與一般婦人不同！」孫權在孫舒城身上依稀看到有祖母吳氏（孫權之母）的影子。以柔克剛，這正是女子的優勢所在。有了她在旁，孫權覺得自己可以對陸伯言放心了。回想起來，當初孫尚香可能就是在這一點吃了虧。

為什麼總是想起妹妹孫尚香呢？孫權一聲嘆息，或許是因為對手是劉備，無論此戰是勝是負，孫尚香都不可能再回到劉備身邊，這一場短促的政治聯姻，當年曾寄託了孫仲謀多少的希望，如今卻成了不願再提的苦澀往事，孫權無比痛恨背信棄義的劉玄德。

不過，在劉玄德那裡，可能以為孫權才是背信棄義之輩吧！因為妹子是孫權自己接回去的，不是劉備遺棄的；而孫劉聯盟的破裂，也可以歸罪於孫權，因為他指使呂蒙偷襲了關羽，直接導致了聯盟的完全破裂。

但是，對於劉備的這些指責，孫權的回答是一切罪惡的根源在於劉備自身，是他欺騙了孫權，口口聲聲說不忍心對益州下手，實際上卻是排擠孫權獨吞益州；更是他借了荊州又賴著不還，孫權不得已才出手偷襲！

說到底，孫劉之間的恩怨紛爭不過是權力的爭奪而已。雖然身為盟友，可是孫劉之間一開始就沒有協調好彼此的關係，孫權陣營則千方百計地想打壓、控制劉備，使其成為自己的小弟，而劉備陣營一貫的見好就上、偷奸耍滑。

至此，兩家的紛爭已經難以用一場爭論解決，唯有一場空前的廝殺，在血肉中照出彼此的真實實力，才能化解孫權與劉備的積怨。

64. 書生大都督

「這是夷陵城麼？」

「不，是猇亭！」

孫舒城望著周遭，這是長江東出三峽的最緊要處，南北兩岸群峰疊嶂、懸崖峭壁，一個「險」字難以道盡。陸伯言的軍隊，橫跨大江兩岸，猶如一把大鐵鎖般扼守住峽口，令劉玄德不能越雷池一步。

猇亭在兩山之間，對著湍急的江水，一邊是懸崖峭壁，一邊是暗礁叢生，陸伯言的部隊，分成水陸兩大營，如一對大戟般迎著劉玄德的東征大軍。

漢家制度：十里一亭，所謂猇亭，其實真的有亭。這亭據說是張飛修建，猇是老虎吼叫的意思，這附近山裡從前也許有虎，但如今很少見了，孫舒城聽著大江奔馳咆哮的聲音，倒是有點虎吼的意思。

猇亭在江北，立在山頭的孫舒城可以望見江南的夷道城，西北方向則可以望見馬鞍山，那已經是劉備軍控制的地盤了。

第九章　陸遜的涅槃

天已經漸漸熱了，江灘上行進著一支軍隊，看他們的旗號應該是劉備的前鋒。大概是因為天熱，陸伯言又堅守不出，這些劉備軍的士兵們脫下了厚重的盔甲，有的甚至敞開了衣裳，裸露著汗津津的背，有的則一屁股坐在地上，手中的兵器都摔下了，更有甚者奔到了江邊撩水沖涼。

猇亭城頭的守軍士卒早已望見這奇異的情景，飛報大將。然而陸伯言的反應卻是十分冷淡：「不要管這些，由他去！」

陸伯言正陪著夫人看風景呢！

然而這時城頭卻擂起了咚咚的大鼓聲，這是告知將領們武裝登城、準備出城廝殺的訊號。

其實，敲響大鼓的乃是朱然、韓當等一班將領。由於前線吃緊，他們率領後備軍於不久前進抵猇亭，與陸伯言會合。

「劉備的軍人如此懈怠，正是我軍出擊、一舉破敵的好機會！」朱然面目抽搐、緊握雙拳，看得出他的情緒很激動，也許是憋了太久、立功心切。

韓當相對來說要沉穩一些，他慢條斯理地為大家分析軍情：「劉備出征已有數月，大軍跋涉艱苦，走了很長的山路到這裡又找不到決戰的機會，鬥志漸漸衰竭，警惕性也開始減弱，曹劌論戰曰：夫戰，勇氣也。一鼓作氣，再而衰，叄而竭。彼竭我盈，故克之。如今劉備軍衰竭而我軍鬥志旺盛，出戰定能破敵！」

「然而出擊的話還是要請大都督下令才行！」

「算了吧，這位大都督只知道防守、防守，諸位可曾聽說過哪一朝的天下是守出來的！」有個膽大妄為者終於忍耐不住，說起了上司的壞話。

「不要亂講，大都督可不是這樣的人！」雖然如此說，朱然、韓當卻在內心贊同此人的看法。

「自古以來，哪有書生領兵的道理！當年趙括紙上談兵以至趙國覆亡，想不到如今我們的江東也要重蹈覆轍！」

「不要說了！」韓當畢竟是老將，覺得這話說過頭了。

「算了，別管大都督了，我們自己出戰好了！」

「不可，違令出戰會受軍法懲處的！」

「天下哪有懲罰勝利者的道理！」

在胡亂叫嚷的將領中，二十五歲的孫桓最為血氣方剛，他又是宗室成員，打小得到孫權的寵愛，這次出征更是打好了狠狠表現一番的算盤。

「如果只是堅守，哪裡會有表現武勇的機會！」對於一味強調防禦的大都督陸伯言，孫桓極為不滿。

「好了，讓我們召集起部曲出擊吧！」孫桓大叫大嚷著說。

江東實施的是部曲制，每個將領都有自己的部曲，少則數百，多者數千。這種部曲，由將領自己負責招募、補給、訓練，說到底是一種私人部隊，除非將領死亡無人繼承，否則孫權很難直接掌握這些部曲。

然而就在朱然、孫桓等人準備下城樓各自召集部曲之時，一隊士卒卻不知從哪裡冒了出來，把他們堵在了城樓上。

「豈有此理，你們這些無名小卒居然敢阻擋我等的去路！」朱然大怒。

「義封兄請稍安勿躁！」

義封是朱然的字，朱然大吃一驚，這小卒居然敢和他稱兄道弟，真是活得不耐煩了。

然而當他看清小卒的面孔，他更加驚愕了，原來這小卒不是別個，正是他的頂頭上司、大都督陸伯言。

「諸位想出城麼?」

一時鬧哄哄的眾人鴉雀無聲，就連韓當也覺得保持沉默比較可靠，唯有孫桓小聲嘟囔了一句，但是誰也聽不清說了什麼。

「其實我也想和大家一起出城來著。」陸伯言微笑著說，「只是我剛剛想起了一件事！所以改變了主意。」

「什麼事?」孫桓脫口問道。

「我想起自己是大都督，主公把這荊州交付給了我，怎麼能輕舉妄動呢?」陸伯言的語速很緩慢，可是說話的力度卻慢慢增強。細心的將領注意到他的手按在了寶劍上，而他身後的那些士卒都緊握著長戟。

這些士卒都是陸伯言的私家部曲，若是陸伯言發出命令把在場的將領全部幹掉的話，他們也不會有一絲猶豫吧！

「眾所周知，劉備是個天下知名、久經沙場的老手，就連曹操也對此人不敢小覷，如今他就在我們的面前，這是一個很強的對手！」陸伯言說著，掃視一周眾人，最後把目光落在了韓當的面前。

「呵呵，大都督所言極是！」韓當說，「大敵當前，我們應該團結一致才是！」

陸伯言朝韓當點點頭，對他的附和表示感謝，他接著說：「諸君並荷國恩，當相輯睦，共剪此虜！」

「但是……」陸伯言的話鋒一轉，「如今卻有人不配合本都督的部署，無視軍令，真是豈有此理！」

朱然們聽了心中一緊，這是要殺一儆百麼，可是我等也是為了國家、一片赤心、天日可鑑哪！

「我不過一個書生罷了，可是主公卻委我以重任，我想這是主公認為我也有可以稱道的長處，譬如說能夠忍辱負重。既然如此，我便不能有負主公的重託。大家各有各的職責所在，豈能推辭！軍法在此，誰敢輕犯！」

說完這些話，陸伯言扭頭便走，一幫士卒也隨之而去。城樓上只剩下尷尬的朱然等人而已，呆立半晌之後，韓當說：

「好了，散了，大家都回自己的位置去吧！」

「話說到這份上，也只好如此了。」

「吉人自有天相，說不定大都督真有破劉備的妙策，我等還是不要瞎操心了！」

一時間散個乾乾淨淨。

「真是沒勁的一幫人！」說話的是孫桓，他是最後一個離開城樓的人，看看城下毫無戒備、懶散鬆弛的劉備軍，孫桓嘆了一口氣：

「這就好像美食在前，卻不能下筷子，真是遺憾！」

65. 釣得小魚

劉備心急火燎地望著猇亭城，他故意讓吳班帶著數千老弱殘兵解衣卸甲、行列不整地出現在陸伯言的眼皮底下，目的是為了誘敵出戰，可是幾天過去了，不見一個吳兵出來。

「真能沉得住氣啊！」

劉備無奈，只好下令埋伏在山後的八千人馬撤出來。城上瞭望的吳將們看得分明，朱然、韓當等人個個目瞪口呆。

「原來真的是有陰謀。」

「好險，幸虧沒有冒失出擊，否則一定虧大了！」

這時，人群中突然響起朱然的暴喝聲：

「蠢貨！」

「義封你說什麼？」韓當愕然。

「我說原來我們才是個蠢貨！」

朱然的話令眾將默然，不錯，本來這些自命不凡的老將貴戚們都把陸伯言看成了膽怯畏敵的愚蠢之徒，而如今，包括朱然在內的一些人已經意識到：實際上真正的蠢貨不是陸伯言，而是朱然、韓當們自己。

自古以來，征戰沙場者無數，堪稱將星者寥寥無幾。所謂的走向勝利之路更是五花八門，有久經沙場、熬盡歲月者，他們很早便加入行伍，摸爬滾打數十年才悟出沙場征戰之道，成為一代名將，譬如戰國時期的廉頗；也有橫空出世、一戰成名的天才，他們只是因為偶然的機會才登上將壇，有的不識兵書，有的則未經歷沙場，然而他們卻成竹在胸、運籌帷幄之神妙雖宿將不能明其所以然，譬如楚漢之際的韓信、武帝時代的衛青、霍去病。

韓當暗想：這個世道就是如此，在沙場上出生入死數十年的韓當，沙場見識居然不如書生拜將的陸伯言，可見天公本來就是偏心的，有些人得了太多天地精華，而有些人則一無所有。

「原來陸伯言就是所謂天公寵愛之人，天意保佑江東，派下將星來此，我韓當不識好歹，錯把擎天玉柱當成腐木爛梁，真是可笑！」

當年程普與周公瑾為難，今日朱然、韓當們藐視陸伯言的權威，往事重現，韓當覺得無比羞愧，他似乎覺悟到了什麼。

「我們去向都督致歉吧！」

「我也有此意！」

「都督寬厚大度，一定能原諒我們的愚蠢！」

「是啊是啊，都督飽讀聖賢書，一定不會和我們一般見識。」

一群人簇擁著朱然、韓當為他們的代表，向都督行轅走去。可是在這群人中，並沒有孫桓。他默默地離開了人群，冷冷地看著朱然、韓當們遠去的身影，孫桓嘴角上揚，露出一絲不屑的笑：「真是蠢貨，陸伯言不過是瞎貓碰到死老鼠罷了。這幫人卻把他當成了神，可笑啊可笑！不過也好，趁著他們迷糊的時候，我正好單獨行動，建一件奇功給他們看看！」

孫桓從相反方向下了城樓，這年他才只有二十五歲而已，血氣方剛、急於表現。

孫桓其實不姓孫，他的父親是喪命於丹楊之亂的孫河，本姓俞，當初受到孫策的偏愛，賜姓孫，列名在宗親名冊上。孫桓是第三子，父親不幸被害之時，才六歲而已。而他的大哥、二哥，偏偏又死得很早，所以孫權對這個姪兒十分愛憐，本沒有讓孫桓隨軍征戰的打算。

「叔武，你就待在後方做個文官好了。」

可是孫桓三番五次地請求，甚至抬出了父親孫河：「父親為我所取之字中有個武字，可見父親也希望我征戰沙場，請主公應允吧！」

無奈之下，孫權只好答應。

孫桓的第一次作戰是隨同呂蒙圍剿關羽，在荊州，這小子幹得不錯，關羽帳下不少將士居然被他成功地誘降過來，事後整頓，合計有五千之多，另外還得了不少軍械和馬匹。

「這五千人，就作為你的部曲好了。」對於這個姪兒，孫權難得地慷慨一回。

這一次出征夷陵，孫權又為孫桓增兵數千，此時孫桓的部下已經達到萬人。

「當年霍去病以八百騎兵長途奔襲於漠北，大破匈奴，得到冠軍侯之美爵。我孫桓如今有兵數千，為什麼不能像冠軍侯那樣擒賊擒王！」

漢代名將中，孫桓最為推崇馬踏匈奴的少年軍神、驃騎將軍霍去病。在他眼裡，當年的霍去病也是如他這般英雄年少，憑著一腔血氣驍勇，大破匈奴，揚威沙漠。

想到這一點，孫桓熱血沸騰。

此時，劉備正在江南的大營中沉吟，自從出兵以來，漢軍的攻勢可以用勢如破竹來形容，從巫縣到秭歸、夷陵，吳軍只有抵抗之功、沒有反擊之力，倒是連綿數百里的山路延緩了漢軍的行軍速度。因為水軍薄弱，劉備只能選擇翻山越嶺、步步為營地向前推進。

然而春夏交替以來，劉備軍卻在猇亭遭遇了銅牆鐵壁式的阻擋，身為都督的陸伯言，不知是因為畏懼劉備的人多勢眾還是另有神機妙算，鐵了心龍城而守。

如此僵持下去，劉備軍將迎來炎熱的夏季，身為入侵者的漢軍將飽嘗蚊蟲叮咬與毒辣的日晒之苦，另外，糧草運輸也是一個大問題。

「如果太過炎熱的話，我軍就撤入山林中避暑納涼！」

「何不迂迴武陵取荊南四郡？」

說話是眉毛中有一撮白毛的馬良，他是襄陽宜城人，字季常，史稱：「兄弟五人，並有才名！」鄉間諺語說：「馬氏五常，白眉最良。」時任侍中，他的弟弟便是大戲「失街亭」的男主角馬謖，此時正為丞相諸葛亮所欣賞。

馬良的建議是：既然陸伯言堅守猇亭不出，不如避開吳軍的正面防禦，迂迴到武陵地區，生活在武陵郡的蠻夷部落素來對劉備頗有好感，相信一定會歡迎漢軍的到來。劉備可以蠻人為嚮導，迂迴武陵山路，從陸伯言防線的南翼包抄到空虛的荊州南部，奪取長沙、益陽等郡縣。到時候陸伯言迫於大片國土淪陷的壓力，必然不得不出戰，劉備正好迎頭痛擊、殲滅此敵。

劉備覺得這個主意不錯，所謂武陵蠻，乃是南蠻部落中最強者。這個在司馬遷《史記》中還是默默無名的蠻族部落，到了《後漢書》裡，便成了「光武中興，武陵蠻夷特盛。」整個東漢，中央對武陵蠻不斷清剿，但是始終未能徹底平定這支頑強的蠻人部族。

這時的武陵蠻酋長名叫沙摩柯，馬良早年遊歷荊益山川，曾經見過此人，算是有些交情。如果能招來沙摩柯，則劉備將增加一支戰鬥力超強的生力軍。如果能再增派兵力，組成一個方面軍，南下襲取長沙等郡，等於是開闢了一個第二戰場，對於兵力不足的孫吳，這無異於晴天霹靂。

荊州南部的長沙等郡，是劉備經營多年的老根據地，當地的人心大概還是傾向劉漢吧！如此一想，這個南征方案還真是不錯！

「好吧，季常，你就為朕去武陵走一趟吧！」

話雖如此，空手去怎麼行？陸伯言掃蕩宜都時，曾「請金銀銅印，以假授初附」，效果很好。劉備抄襲這個辦法，讓馬良攜帶金銀綢緞出發，廣為散發，對蠻夷酋長們加官封爵，引誘他們出兵配合。

就在馬良出發後兩日，孫桓率領本部軍數千人向劉備的江南營盤發起了突擊。他很聰明地沿著江灘行動，一旦不利，便可以回到船上，這是攻守兼備的戰法，孫桓也不是一個簡單的武夫啊！

「吳軍出城了麼？」劉備大喜。

「是一支小部隊，據說是安東中郎將孫桓！」

「孫桓麼，呵呵，當年我去京口見孫權的時候，他還是個黃口小兒呢，孫仲謀真是無人可用了，連娃娃都上了戰場。」

劉備派出將領張南迎戰，並且只許敗，不許勝。

「你的任務，是把孫桓誘入內地！」

「是！」張南領命而去。

如果就這樣擊退孫桓，孫桓一定會逃上戰船溜之大吉，漢軍的戰果不會很大。但是如果能把孫桓誘入遠離江水的內陸，便可以圍而殲之。

然而劉備的戰術可不是簡單的消滅孫桓那麼簡單。對於劉備來說，孫桓不過是一條小魚，陸伯言才是他想要釣的大魚。

東吳在江南有一座夷道小城，劉備打算把孫桓逼入夷道城，然後以大軍四面包圍。孫桓是孫氏宗親，陸伯言不能不救。

一旦陸伯言從猇亭出兵援救夷道城中的孫桓，便是孫劉大決戰的時候！

劉備的戰術，不可謂不巧妙！這是他南征北戰數十年的經驗鑄就的戰術智慧，雖然少了點，卻足以對付孫桓這樣的楞頭青！

「殺啊！」

果然不出劉備所料，在張南的詐退引誘之下，孫桓果然漸漸遠離了他的戰船，越來越深入內陸。這時戰鼓齊鳴，劉備大軍三面殺來，孫桓頓時陷入苦戰。

「活捉孫桓！」

發現東面沒有敵軍的士兵們捲著孫桓向夷道方向而去。夷道城中的東吳守軍發現了安東中郎將的旗號，打開城門，接納了這支冒失的兵團。張南等人也不追趕，從容不迫地將小小的夷道城包圍。

「陛下真是用兵如神啊！」張南由衷讚嘆。

接下來，劉備便安坐在江南，等待陸伯言從猇亭出來決戰了。

時為曹魏黃初三年、蜀漢章武二年的初夏。

66. 孫安東之困

「大都督，您一定要派兵去夷道救孫安東！」

「為什麼？」陸伯言和夫人孫舒城正在弈棋，朱然卻十萬火急地傳進來，大叫大嚷著說要去救孫安東（孫桓）。

「孫安東可是至尊的宗親，一旦有失，罪過不小！」韓當也來了，他比較沉穩一些，可是也流露出焦急的神色。

「都督，就算您不出兵，也要派一支兵去才好！」

「就讓我朱然去好了，戰死也無怨！」

「義封不能去，後面我還要依仗你打劉備呢！」陸伯言一口拒絕。

「那麼，派他們去如何？」韓當說出宋謙、丁奉等人的名字，陸伯言只是搖頭。

「我們的兵力本來就不多，所以我的決定是：不派一兵一卒去夷道！」陸伯言還真是執拗得很。韓當不禁皺起了眉頭：如此見死不救，不但將士離心，就是遠在後方的吳王孫權也會懷疑吧！

至少為了給吳王一個交代，也要派幾千人去救一下，哪怕全軍覆沒，也算是有心了。這不是軍事問題，而是政治！然而陸伯言卻似乎完全沒有考慮到這一點。

「孫安東治軍有方，深得人心，而夷道城又十分堅固，糧草充足，雖然城小，卻是易守難攻，相信他一定能守得住。等到我擊敗劉備，包圍夷道的軍隊就會自動撤退，所以不用去救！」

朱然、韓當面面相覷，這真是畫餅充飢，眼前的友軍被圍不去搭救，卻說什麼擊敗劉備！

戰國時期，道家達人莊子出遊，在路上見到一條活蹦亂跳的鯽魚在車轍碾出的水坑裡向他求救，莊子說要去引吳越之水來救牠。那魚兒急了，遠水不解近渴，等你把吳越的水引來，牠已變成魚乾了。

韓當想：此時夷道城中的孫桓，大概要與此魚同病相憐了。

於是朱然和韓當意興索然地退下，然而陸伯言和夫人的棋局也不能再繼續下去了。孫舒城起身，從樓上遠望江南的夷道城，從這個角度，或許能看到圍城的軍旗和夷道的烽火臺吧！

「你是在擔心孫安東麼？」

「不，我是在擔心你。」

「我安坐於此，還有什麼好擔心的！」

「可是一定會有人把孫安東被困、而陸都督卻見死不救的消息捅到武昌去，你覺得他會怎麼想？」

第九章　陸遜的涅槃

孫舒城口中的「他」便是吳王孫權。

陸伯言苦笑：「吳王大概會生氣吧，也許更糟，會下令撤了我的都督之職！」

「既然如此，你為何還要如此執著？韓將軍說得不錯，派一個將領試探性地救援一下，也總比坐著不動好得多！」

「讓將士們白白地去送死麼？我做不到！」

「一將成名萬骨枯！」

「雖然如此，犧牲也要有意義才行。」

「那麼，乾脆大舉出兵夷道，聽說圍城的兵力不多……」

「這正是劉玄德的陷阱，我不能自己跳進去……」

孫舒城真的生氣了，世上有所謂正確的義理，可是遵循正確的義理行事卻未必能得到人們的諒解。誠然，劉備設下了夷道這個陷阱，陸伯言若是去救，就等於陷入了這個陷阱；可是陸伯言不去救，卻是陷入了另一個陷阱，身為武昌的孫權會如何看待這件事？諸葛瑾在江陵，步騭在益陽，隨時可以取代陸伯言為督。一旦罷免的命令下達，陸伯言哪裡還會有反攻劉備的機會？

孫舒城的擔心並非杞人憂天，近一兩個月來，孫權接到了不少密報，這些密報或來自前線將領、或來自邊郡官員，大同小異，對陸伯言的評價無非是說一個「怯」字。

「陸議乃一書生耳，非劉備敵手，恐不可用。」

形勢的發展似乎驗證了這一說法，在陸伯言的領導下，東吳屢遭敗績接連喪失了巫縣、秭歸等重鎮，劉備軍長驅直入，一直推進到夷陵、猇亭。

「陸議年幼望輕，恐諸公不服，若不服則生禍亂，必誤大事。」

這種說法也得到了事實的支持，聽說軍中元老如韓當、中生代如朱然、潘璋、新生代如孫桓都對陸伯言的軍事部署頗為不滿，將帥不和，這是不妙的徵兆。

當初赤壁大戰前夕，周瑜也曾與程普不和，但那是元老派與少壯派的衝突，況且周瑜本人擁有強大的實力，程普的抱怨只是限於個人，並未大面積擴散到其他將領。

孫權有理由質疑陸伯言對局面的掌控能力。

「陸議才堪治郡耳，若託以大事，非其宜也。」

陸伯言的沙場經歷確太少，他主張堅守待變的大致策略應該是沒錯的，可是不能是一味的死守，兩軍作戰最重要的便是士氣，長期的防守會嚴重打擊守軍的士氣。所以經驗老到的宿將，都懂得在堅持整體的防守之下，穿插以適當的區域性反擊以提升士氣。

事實上，武昌城中已經出現了「吳王以一書生總兵，江東休矣！」的流言，這顯然是陸伯言的反對派製造的謠言然而能廣泛傳播若此，可見贊同這個觀點的人數不少。

最近的一份報告則說：安東中郎將孫桓與劉備的前鋒交戰，因寡不敵眾，受困於夷道，求救於陸議，然而陸議卻貪生怕死、拒絕救援。

「陸議有何謀？但怯敵耳。」

步騭從益陽發來報告，說武陵五溪蠻夷部落似乎有劉備的人在積極活動，據傳蠻酋沙摩柯已經答應出兵響應劉備的攻勢，漢軍很可能會拋開猇亭，調頭南下奪取長沙等郡縣。

這是可憂之處，不過還有更值得擔心的，來自北方的情報說，曹丕的大臣們正在積極勸說，主張曹魏與劉備聯合攻吳，

「天下三分，中國十有其八。吳、蜀各保一州，阻山依水，有急相救，此小國之利也。今還自相攻，天亡之也，宜大興師，徑渡江襲之。蜀攻其外，我襲其內，吳之亡不出旬月矣。」

一旦此議成真，孫權腹背受敵，真的要亡國了。

後世千年，西人邱吉爾曾云：「沒有永恆的敵人，也沒有永恆的朋友，只有永遠的利

益！」魏、蜀、吳之間也是這個道理，雖然眼下曹丕否決了攻吳的提案，可是戰事這樣僵持下去，曹魏會不會改變主意，真的很難講。

孫權聽說曹魏的征南大將軍夏侯尚「益修攻守之備」，顯然，敵意從未在那邊減退過。而江東這邊的防禦，實在是很夠嗆。

必須讓陸伯言顯示他的能力，至少是解救夷道的孫桓，這樣天下人才會不至於小看東吳的實力。在這個亂世，弱者將被強者分食，所以即便是虛弱的小國也要張牙舞爪若強者狀，目前的東吳更沒有理由向天下人示弱！

孫仲謀暫時還不想罷免陸伯言，但他打算給陸伯言一點壓力，孫權找來了周泰，周泰本來的職責是平虜將軍、督濡須口，當初朱然、徐盛等人也曾對這個安排不滿，孫權為此專門安排了特別的宴席，當行酒到周泰座位時，孫權命周泰解開衣裳，親手指著他身上的傷疤，詢問受傷緣由，周泰一一回憶作答。

「在位諸位，誰能與幼平媲美？」

所謂傷痕是男子漢的勛章，無論是朱然還是徐盛，都因為周泰身上的傷疤而心服口服，這一天周泰真是威風極了。

實際上這是一個謬論，從將領中提拔統帥，豈能數身上的傷疤數量來決定？周瑜、魯肅身上都沒什麼傷疤，陸伯言的身上想來也是白淨得很。孫權這麼做，只是為了抬高周泰的地位，說明他的武勇罷了。

大多數出身行伍的將校，往往不屑所謂謀略，因為看不見、摸不到；而會驚異讚嘆氣力、傷痕這些表面之物，因為看得見、摸得著。就好像後世的人看重虛有其表的所謂文憑、學位、職稱的抄襲公，反而冷淡有真才實學的實踐者與創新者。

此時周泰的職位很奇特，他的將軍號是奮威將軍，官位卻是漢中太守。眾人皆知，漢中在劉備的掌控之下，時任漢中太守的大將，正是蜀漢的另類豪傑魏延。

孫權指派周泰到猇亭去輔佐陸伯言，所謂缺則補之，人們不是說陸伯言怯懦、缺少勇氣嗎，我如今就派最富勇氣的周泰去輔佐他。

對於陸伯言，這也是一個警告：要是再拿不出點真本事來，周泰就是接替你的人選。

然而就在孫權準備派出周泰之時，孫舒城卻從猇亭不期而至，回到了武昌。

或許是以女人的直覺，又或者是憑著對叔父孫權多疑性格的了解，孫舒城感覺到了即將籠罩在丈夫頭上的危局。經不起她的絮叨，陸伯言決定寫一封信給孫權，陳述自己的策略部署。

「一封信足以令吳王安心麼？」

「不妨一試！」

就這樣，孫舒城帶著陸伯言的書信悄悄地回到了武昌。在這封信中，陸伯言寫道：

夷陵要害，國之關限，雖為易得，亦復易失。失之非徒損一郡之地，荊州可憂。今日爭之，當令必諧。備干天常，不守窟穴，而敢自送。臣雖不材，憑奉威靈，以順討逆，破壞在近。尋備前後行軍，多敗少成。推此論之，不足為戚。臣初嫌之，水陸俱進，今反捨船就步，處處結營，察其布置，必無他變。伏願至尊高枕，不以為念也。

陸伯言的意思很簡單，如今諸將都急於出戰，這是他們誤判了形勢。戰事演變到今天這個地步，夷陵的爭奪已經成為決定吳、蜀命運的關鍵之地，一旦失去夷陵，整個荊州就完了。誰能拿住夷陵，誰就掌握了主動權。所以該著急的是劉備，而不是我們。

陸伯言說，他本來很擔心劉備會水陸俱進，可是結果他卻拋棄了水軍，完全依靠陸地行軍，步步為營地前進。如此一來，他所能運用的戰術便很有限，可以說已經在陸伯言的掌握之中。

所以，陸伯言請孫權高枕無憂，不必把夷陵的事放在心上。

孫權看了這封信，半信半疑：陸伯言會不會是在說大話？年輕的讀書人好像都有這毛病，譬如當年的魯肅，明明搞不定關羽，卻拍著胸膛對孫權說：「帝王之起，皆有驅除，羽不足忌。」

「舒兒，想不想看看妳夫君寫了些什麼？」孫權把竹簡傳給姪女。孫舒城很認真地看了一遍，露出高興的神情：

「原來這傢伙已經成竹在胸，白白讓我為他擔心！」孫舒城半是抱怨半是驕傲地說。

「可是他還是沒有告訴我他將如何擊敗劉備，真是個口緊的傢伙！」

「連我也不知道呢，他就是一個謹慎之人！」

「舒兒，妳這可是誇讚他，為將之道正是要謹慎些。」孫權微微點頭，他想起呂蒙，攻襲關羽之前他曾專程面見孫權，將整套作戰方案清楚而詳細地向孫權闡述、解釋。陸伯言顯然與呂蒙不是一個類型的人，不過呂蒙這樣的部下把過程和結果呈現給上面看，無疑會更得主子的歡心。

「至尊只要看結果就好了，至於做事的過程，由我來決斷，無需上頭的指手畫腳！」這便是陸伯言的做事方式。也許會令上司有一點點的不悅吧！

孫權自然更喜歡呂蒙的方式，可是只要能勝利，他願意容忍陸伯言的做事方式。

可是問題在於，目前孫權的所見，陸伯言只是被動地守城而已，難道他打算讓劉備不戰自退麼？

天漸漸熱了，陸伯言的所謂戰術，莫非就是等待劉備忍受不了天氣的炎熱而自動退兵。然而劉備雖然是北方人，卻在荊州整整生活了十年，如今又在同樣炎熱的成都立國，對於天氣，他應該有充分的心理準備和應對之策。

陸伯言的破敵之策到底是什麼呢？這正是令孫權苦惱之處，如果陸伯言真的已經有了破敵的部署，那麼他派遣周泰前去施壓的辦法就該緩行；可是如果陸伯言只是說大話呢？

無論如何，還是先把周泰派去吧，不過不是給陸伯言施壓，而是增援。

正當孫權在武昌城中為陸伯言而煩惱之時，猇亭戰場上的劉備也陷入了深深的困擾，令他困擾之人當然也是陸伯言。

「居然連孫氏宗親被困都不伸手相救，陸伯言真是無情之人！」劉備望著被漢軍圍成鐵桶般的夷道城，想起了當年被困麥城的關羽，據說他曾派人向上庸的劉封、孟達求救，結果劉封、孟達畏懼吳兵勢大，拒絕救援。

後來劉備處死了劉封，孟達則叛漢降魏。可是這件事並未就此了結，劉備心中深埋著一個自己也不敢觸及的問題——為何當時劉備自己也行動遲緩。

理由是有的，關羽事件前一年，劉備與曹操在漢中大戰，此戰對蜀中壓力相當大，一度打到「男子當戰，女子當運」（青壯男子從軍上前線，婦女則負責後勤運輸）的程度，整個劉備軍團疲敝不堪。

可是關羽事件發生時，劉備已經休整半年，況且駐紮在巴郡的軍隊並未參加漢中之戰，完全可以出兵救援關羽。可是劉備並沒有那樣做。

說起來，劉備也是無情之人啊！近來他偶爾會想起孫尚香，當初他是那樣地忌憚她，視這小女子為猛虎野獸；現在回想起來，在她剛猛的外表之下，其實也有溫柔的心。雖然是政治聯姻，孫尚香大概真心希望會是夫妻和諧，年齡的差距或許並不是最大的問題。

最大的問題是劉備心中的畏懼與猜忌。當初也許他對孫尚香好一點，孫劉聯盟大概就不會破裂，關羽也就不會死，這一場夷陵大戰也許就可以避免。

到底誰是無情之人呢？誰該為關羽、張飛的死負責？六十多歲的劉備忽然間老淚縱橫……

67. 破敵之策

魯肅在世的時候，總是說兩家的聯盟如何重要云云，可是他忘了一點，既然是兩家的聯盟，必須是兩家共同維護才行，可是自從周郎壯志未酬、死於西征前夕以來，劉備是越來越得意且猖狂，從荊州到益州，劉備要打倒的敵人絕不僅僅是曹氏，還有我們江東。

實力相當的情形之下，沒有人願意低頭。劉備是個不願吃虧的主，但孫權也不是個軟蛋。他賴著荊州不還，我就自己動手拿回來了。他如今是大漢的皇帝了，可是篡奪大漢皇位的曹丕在北方坐著等他，他不北伐卻往我這裡來瘋狂，我知道劉備的確是老而昏悖了。

和劉備相比，我還不算老；劉備凡事親力親為、動輒親征，而我把事務交給有能力的人去做，周、魯、呂、陸，他們都是有能力的人，如果我的身上說有什麼地方勝過了劉備，我以為就在於此。

——孫仲謀的獨白

汗水沿著劉備的額頭滴落在猇亭的熱土上，他本可以穿著隨意、輕便一點，正如往日在新野或者公安的時候，然而如今的劉備已經不是原來那個劉備，他是大漢天子，以正統論而言，他才是這個天下的合法主宰，住在洛陽皇宮中的曹丕不過是一個非法篡位者而已。

於是劉備戴著冕旒，將自己全身嚴嚴實實地包裹起來，在這南國的夏日，六月飛火的日子裡，為了給荊州人留下「這才是真龍天子」的深刻印象，劉備特意穿著全套帝王打扮，一本正經、不苟言笑地坐在大營裡，其結果是汗流浹背，即便是幾個侍從同時使勁地扇扇子，劉備還是覺得熱不可耐。

但是劉備決定忍受這一切，這段時間以來，他對整個東征軍的營盤做了更為周密的部署，對接下來所要採取的戰術也有所考慮。

首先從地利而言：大江東流至夷陵一帶，江面豁然放寬，可是夷陵一帶卻有荊門、虎牙兩座山陵，猶如雙虎守門，兩岸連山疊嶂，只有江邊的狹窄平攤可以布陣，劉備的十萬人軍很難一線展開，加上江流湍急、在水軍問題上又吃了大虧，劉備雖然人多勢眾、雄心勃勃，卻苦於英雄無用武之地，不能展開手腳與陸伯言大戰一場。

此次出師之際，謀臣黃權曾經勸過劉備，他說：「吳人悍戰，又水軍順流，進易退難，臣請為先驅以當寇，陛下宜為後鎮。」

劉備承認黃權的話有一定道理，因為是順流而下，如果撤退就成了逆流而上，所以劉備軍的確是「進易退難」。可是黃權的方案也行不通，因為區區一個黃權為先驅的小打小鬧根本奈何不了陸伯言。

黃權如今在江北，擔任鎮北將軍、防備北方的曹魏之兵。

劉備的辦法是步步為營的蠶食戰術，西起峽口、東至夷陵，他因地制宜地設立下五十餘屯，號稱連綿七百里連營，實際上是一個長蛇陣，重點在蛇頭，超過三分之二的兵力都聚集在夷陵、猇亭一線的山區。所謂「重山積險，陸無長轂之徑」，劉備所面對的實情是「雖有銳師百萬，啟行不過千夫」，所以布下這個連營，也是不得已的選擇。

然而這個連營的部署也並非全然沒有好處，劉備軍「乘高守險」、連營呼應，實際上是一種聯防態勢，此處有難則彼處救之，彼處有難則此處救之

自入夏以來，由於幾乎無仗可打，劉備有空閒不斷完善這個連營陣法，針對薄弱環節的加固措施以及要害地帶的重點防禦，以劉備的眼光看來，這七百里連環營盤實在是嚴密到無懈可擊。

「你要守，好，我也守，而且守得比你更嚴密、更漂亮！」

進入炎熱的仲夏以後，劉備在猇亭主戰場便採取了以守制守的奇妙戰術，這是一種心態的抗衡，顯示劉備不會因為陸伯言堅守不出就自動撤兵，而是做好了持久戰的準備。

不過這只是幌子而已，劉備的真實用意是以奇兵致勝，這就是馬良的南下包抄之計。武

陵蠻的酋長沙摩柯已然歸順了蜀漢，如今武陵、零陵、桂陽一帶，諸郡騷動、民心思變，多處武裝起兵，響應劉備東征，阻斷交通、拒絕向東吳繳納賦稅，孫權實際上已經失去了對荊州南部三郡的控制。

目前，馬良正與吳將步騭在益陽一帶對峙，劉備打算分派一部分兵力增援馬良，一口拿下益陽，漢軍便可以從側翼包抄陸伯言，東吳的防線必然不戰自潰。

然而這時，漢軍的前部營盤忽然鼓聲大作，喊殺聲一片，劉備霍然起身。

「吳軍出戰了！」

這是孫桓被困夷道事件發生後東吳軍的第一次出擊，難道陸伯言決心改變戰術，轉守為攻了麼？劉備心中困惑，雖然這是他盼望已久之事，可是僵持這麼久敵人突然開始反攻，還真是讓人愕然。

入侵者是江東虎將周泰，這是一支生力軍，前不久剛來到猇亭。他選擇了劉備軍團左領軍吳班的營盤作為自己的突破口。

「對手是周泰麼，聽說他曾經救過孫仲謀的命呢！」

「當時他的對手只是山賊而已，在江東他也許是猛虎，不過在我大漢軍人面前，只是一條瘋狗罷了！」

劉備面露微笑，周泰來得恰是時候，正好拿他來試驗自己的連營配合戰術是否有效。

周泰確實是一員猛將，他的人馬就如一股旋風般刮向劉備的左軍，東吳的士兵雖然不擅長馬戰，可是論步鬥，他們的勇氣絕不會輸給任何一支軍隊。吳班的部下多為益州人，抵禦這樣的敵人，也許會感到很大的壓力吧！

然而這時連營的好處就顯現出來了，左翼遭襲，右翼的兵馬便呼應出動了，這是右領軍馮習的部下，他們多數是跟隨劉備入川的荊州老兵，身經百戰而又熟悉地形。這一支百戰之師如重錘般打擊了周泰的側翼，頓時打開了一個大缺口。

腹背受敵，如果再戀戰下去，周泰將難免全軍覆滅的厄運，他只能選擇撤退。這時猇亭方向也有兵出來接應了，看旗號是朱然、韓當的部隊，一場混戰，救了周泰回城，依舊堅守。

這是一場規模不大的試探性戰鬥，漢軍的營盤前丟下了一堆吳軍的屍體，大概有五六百具，丟棄的武器也不少，顯然吳軍吃了一個不大不小的虧，同時也證明劉備的連營戰術確有成效。

第九章　陸遜的涅槃

劉備對於這場戰鬥的結果並不意外，他只是感到奇怪：一直堅守不出的吳軍為什麼突然來了這麼一波不痛不癢的進攻，難道說猇亭城中發生了變化，主張防守的陸伯言改變了主意，或者乾脆東吳已經換了都督？

實際上，這一戰的確是陸伯言的主張。

說來也奇怪，自從春夏以來，一直是眾將領主戰，陸伯言主和；這幾天突然發生了變化，隨著戰局僵持的既定現實，眾將領漸漸接受了防守策略；可是身為主帥的陸伯言卻開始興奮起來，有人說這是因為遠在武昌的吳王孫權對陸伯言的消極防禦很是不滿，施加了壓力的緣故。

「哪位將領自願打頭陣？」

眾人面面相覷，令人尷尬的沉默持續了好一會。老將韓當站了出來，可他不是請戰，而是有話要說。

「當初劉備初來乍到、立足未穩，正是攻打的好時機，可是都督那時卻下令堅守勿戰。如今敵人已經深入國土五六百里，戰事相持七八個月，劉備的營盤已經扎得很穩，連營呼應，很是嚴密，凡事要害之處都安排下重兵固守，在這個時候反而要出兵攻打，恐怕不會有什麼好結果。」

韓當不愧為久經沙場的老將，條理清晰地說出了大家的心聲。

「呵呵，老將軍只知其一、不知其二，劉備這佳話狡猾得很，經歷的又多；當初他的部隊剛剛抵達，劉備一定深思熟慮、精心部署，所以我下令堅守勿戰。」陸伯言的解釋倒也不是完全沒有道理，「如今時間拖久了，一直沒有機會與我軍決戰，劉備的心便疲憊了，人一疲憊就會鬆懈，一鬆懈則露出漏洞，所以我認為這才是破敵的好機會。」

話都不錯，說到底還得實際戰鬥來檢驗。朱然、韓當們都不願意當這個試驗品。最後還是新來的周泰看不下去了。

「來的時候都說陸伯言怯戰，現在看來倒是這些老傢伙們不思進取。」周泰這樣一想，便勇赳赳跨步上前，向大都督陸伯言請戰。

於是便有了這一場不成功的突襲戰。周泰回到城中，感到十分羞愧。

「白白死了好些將士！」將領們議論紛紛：要是聽韓老將軍的勸，就不會遭遇這樣不必要的潰敗。

陸伯言從城頭下來，方才他一直在觀戰，似乎他對這場敗局挺滿意，和顏悅色地勸周泰暫去休整一番。

「諸位，吾已曉破敵之術！」

吹牛誰不會啊！將領們哂笑著一鬨而散。

68. 決戰將至

天這麼熱，孫權的汗也下來了，他在武昌的臨時王宮裡接見曹魏的欽差浩周，為了表示恭順，他極盡諂諛之語、殷勤招待之事。

「陛下不相信大王會把世子送去京師，是在下用全家百口人的性命做了擔保，所以大王可不能食言啊！」

「豈敢食言！浩君的情義深重，實在是令孤感動，孤可以指天為誓，一定將世子送往洛陽為質！」

孫權的眼淚都下來了，看似真的感動至深，可是實際上只是做戲而已。孫權根本就沒有將兒子孫登送去魏國的打算，之所以沒有拒絕，只是敷衍拖延、應付過這一場夷陵大戰而已。

浩周是于禁的護軍，當初與于禁一道成了關羽的俘虜，後來又轉手到孫權手中。孫權釋放了于禁，對這位浩周也是優待有加，並且特意委託他向曹丕致意，轉達臣服曹魏的真心誠意，當然，更重要的是給了浩周大量的賄賂。

「吳王的心意我浩周已經明瞭了，一定向陛下如是稟報！」

經過浩周的美言，曹丕果然接受了孫權的臣服，但是他也提出了關於質子的要求，也就是說孫權必須把世子孫登送往帝都洛陽做人質。於是，浩周以大魏欽差大臣的身分，昂然來到江東。

「犬子最近有些小恙，不過四五日便可痊癒，欽差大可放心。」

餵飽了賄賂的浩周高高興興而去，可是曹丕要的人質始終沒有出發。

「因為要準備給陛下以及諸大臣的禮物，所以犬子還在打點之中。不過很快就會出發了，稍候！」

拖延的藉口快要用完了，可是陸伯言那邊卻遲遲不見捷報，孫權心急如焚，只好讓孫舒城再跑一趟猇亭。

孫舒城抵達猇亭之時，發現城中軍士都被動員起來，收集木柴、乾茅之類。

「準備長期防禦了，大將下令加強工事呢！」

孫舒城不信：這些木柴與茅草能建構堅固的防禦工事麼？可是看軍士們忙碌的樣子，還真是在挖壕溝、設定鹿角，尤其在前沿部分劉備軍可以望見之處，防禦工程做得熱火朝天。

「真的是在加強防守麼？」孫舒城問陸伯言。

「是啊，前幾天派周泰打了一陣，結果不順利，所以還是堅守城池為好！」陸伯言慢條斯理地回答說。

「可是你不是告訴至尊，敵人已經在你的掌握之中，不足為憂麼？」

「哈哈，至尊讓你看我的書信了，對啊，只要能堅守下去，敵人就會自動撤退！」陸伯言滿不在乎地說。

所謂破敵良策，原來就是等待敵人自動撤退！他還真是一個天真的書生啊！

這一刻，孫舒城對自己的丈夫失望到了極點，可是陸伯言依舊一副不在意的樣子。

此時已是蜀漢章武二年的閏六月（農曆比陽曆每年少11天，中華先民製訂了19年七閏以修正，即19年之間設7個閏月。所謂閏六月，就是在六月之後加一個閏月），天氣愈發悶熱，陸伯言脫下厚實的戎裝，只裝輕便的儒服，然而還是汗流不止。

「好熱，我要到江邊去吹風！」

帶著十幾個親兵，陸伯言便駕馬飛馳到了江灘上，由於劉備缺乏強大的水軍，江面基本上為吳軍所控制。

「坐在船頭吹江風會更適意！」陸伯言大步躍到船上，船往長江上游去，可以瞭望岸上的劉備軍營地。

到晚上才乘著涼爽的晚風回到城中，陸伯言對妻子說：「我要一個人好好想一想！」於是便把自己關在了書房裡。

孫舒城想說：「自古以來，從來就沒有人只守著城而戰勝敵人。圍城的時間越久，士兵與百姓的士氣就會越低，到後來就會有逃兵、甚至有人通敵、出賣城池！」可是站在書房門前的她，終究沒有進去。

要相信自己的丈夫，他一定有辦法！

正當孫舒城徘徊之時，書房裡居然傳出了吟誦之聲。

天下非一人之天下，乃天下之天下也。

同天下之利者，則得天下；

擅天下之利者，則失天下。

這是呂尚（姜子牙）在《六韜》一書中的言論，所謂《六韜》，即文、武、龍、虎、豹、犬六韜，陸伯言所吟誦之句出自《文韜》，大意是戰爭並不僅僅是簡單的軍事，而是政治的產物。唯有與天下人同利者，才能戰勝對手，取得天下。

在陸伯言看來，南國的雙雄之間，劉備與孫權是不同的。孫權是為了建立一個新王朝、新國度，而劉備動輒以恢復漢室為號召，然而天下人真的希望恢復漢室嗎？

所謂漢室，最初興起於漢中的彈丸之地，然而劉邦卻因為寬厚待人、簡約秦法而得到人心，加上擅於使用韓信等人才，遂翻越秦嶺，與楚霸王爭奪天下，終於建成大漢帝業。此後雖然外有匈奴強鄰、內有諸侯之亂，漢朝歷代帝王，卻大體上能任用賢能、勵精圖治，四百年江山穩固，百姓安樂，其中雖有王莽篡位，可是人心思漢，所以光武帝能中興漢室。

可是到了劉備這個時代就不一樣了，百姓和士大夫所見的漢朝，是外戚與宦官交替把持的腐敗王朝，是迫害黨人、禁錮才俊的邪惡帝國，是君王荒淫於其上、官吏橫徵暴斂於下的苛政朝廷，從漢桓帝到漢靈帝，直至董卓把持的長安小朝廷，百姓和士大夫並不願意回到這樣的時代。

也正是因為這個原因，曹操能在北方建立穩固的地位，曹丕取代漢獻帝為天子而百姓安定。

「如果能建立一個政治清明的新王朝，誰也不在乎皇帝是姓劉還是姓曹、姓孫！」

其實劉備所謂「匡扶漢室」，也只是為了自己的野心罷了，天下人不會天真到相信他真的是為了漢獻帝而戰，他只是為了自己的權力地位而戰罷了。說到底，劉備、曹丕、孫權都是一類人，區別僅在於誰能建立一個給天下人以希望的新王朝。

荀彧曾寄希望於曹操，諸葛亮則寄希望於劉備，而陸伯言寄希望於孫權，這一戰，陸伯言與其說是為了孫權而打，倒不如說是為了自己的希望而打。

擊退劉備，輔助孫權建立一個政治清明、天下人翕然嚮往的新王朝，這便是陸伯言的生平抱負。為了這個抱負，陸伯言可以放棄個人的私怨、可以脫下書生的儒服，慨然登上廝殺的戰場。

決戰就在眼前！

69. 今夜無眠

這日，昭武將軍朱然蒙召進入了陸伯言的行轅，密談了許久。第二天朱然便從猇亭城中消失了。

夜深人靜，正是人人酣睡的時候，貌似沉睡香甜的陸伯言忽然坐了起來，警醒的孫舒城也立刻睜開了雙眼。

「夫人，如果陸議戰死的話，就改嫁給喜歡的人吧！」陸伯言莫名其妙地說，「你有自己喜歡的人麼？」

「我喜歡的人只有一個陸伯言。」

陸伯言笑：「可是我不過是妳的叔父指定的夫君而已。」

雖然是政治聯姻，可是男女之間的情愫是很微妙的。黑暗中孫舒城幽幽地望著丈夫的身影，她預感到了今晚將要發生什麼？

「如果能回來，我希望妳能為我生一個兒子。」陸伯言想起自己那死於難產的前妻和兒子陸延，那已經是多年前的事了。

「我可以為你生很多兒子。」孫舒城想起了自己的祖母吳氏，她生了四個兒子、一個女兒。

「我打算替他取一個名字叫抗。」

抗，禦也。陸伯言給兒子起這個名字，大概是為了紀念這場抗禦劉玄德的夷陵之戰吧，又或者是希望他能在這個亂世中抗禦一切侵擾，健康長大。

孫舒城起來點亮了燈火，陸伯言已經站了起來，他注視著妻子，目光炯炯有神，而孫舒城則眼中有淚。

「妳大概猜到了我要做什麼吧！」

孫舒城點點頭，召喚來近侍，她們手中捧著早已準備好的甲冑。陸伯言微微一笑，從容不迫地穿好全套甲冑。這時孫舒城已經斟滿了出征的祝酒，捧到夫君面前。陸伯言一飲而盡，決絕地走出房間。

「叫所有將領來見我！」

半個時辰後，韓當、周泰等一班將領進入了議事廳，赫然發現他們的大都督陸伯言穿上了全套戎裝、手持將令，韓當們立刻明白了什麼，大吃一驚。

「老將軍，還記得赤壁之戰麼？」

「自然。」

「那麼，就把劉備軍當做曹操的戰船一般化為灰燼吧！」

「啊，是用火攻麼？」

「火具準備好了沒有。」

「木柴和乾茅都捆紮好了，火具俱已齊全。」出來稟告的是小將丁奉，原來那些被認為是用於搭建防禦工事的木料都是縱火之物。

「極好了，朱然將軍早已經從水路出發，諸葛瑾、駱統、周胤（周瑜之子）的部隊也已經於昨日從公安出發，現在輪到了我們了。」

韓當、周泰等人露出了興奮的神色，原來一切早已經安排妥當，各路兵馬各自按照計畫行進，這一會是真的決戰了。

對於猇亭本部的將士，陸伯言的命令只有簡單的一句話：各持一把茅，以火攻！

漢軍御營中，劉備正沉浸於自己的睡夢之中，他一會夢見關羽、張飛，一會又夢見孫尚香。

「你為什麼娶了吳懿的妹子，還把她立做皇后？」夢中孫尚香不改當時的強勢，指著劉備的鼻子質問。

劉備想解釋，可是一時瞠目結舌，只是覺得身體好熱，周遭好熱，彷彿火燒一般的灼熱。

「起火了！」

劉備大汗淋漓地醒來，只聽見外面的叫嚷吵鬧之聲。

「怎麼回事？御營失火了嗎，趕快找水滅火！」

劉備起身，讓侍衛為自己穿戴甲冑，他以為是營中士卒不小心走水失火，所以大聲地喝斥。

「不好了，陛下，四處都有營盤著火！」

「報告！敵人來襲營了……」

「快命左右領軍前來護駕！」

這時左領軍吳班和右領軍馮習的營盤也都遭遇了吳軍的火攻，燒的焦頭爛額。大將傅彤跑進了劉備的御營：「陛下，營盤四處皆是火，吳軍乘火夜襲，不知有多少兵馬，陛下趕快到馬鞍山上去避一避吧！」

當下傅彤殿後，掩護著劉備向馬鞍山方向退去。

馬鞍山在西邊，暫無火勢殃及，劉備到這個時候，也只好選擇上山躲避了。一路只見烈火熊熊、遍野火光不絕，耳中是殺聲震天，彷彿四處都有吳兵殺來。

好容易登上馬鞍山，御林軍繞著劉備四面圍護，劉備這才驚魂稍定。

「吳將潘璋殺入右部，右領軍馮習已經戰死了！」

「吳將孫桓從夷道城中殺出來了，前部大將張南腹背受敵！」

此時，不見殿後的傅彤歸來，想來也戰死了。劉備從山上向下望去，吳兵已經從四面殺來，眼看馬鞍山也不是安全之所。

劉備想起江邊還有少許船隻，可以載他去江北投奔黃權。可是眼下之計是要先逃離馬鞍山。

混亂中，一些驛人（劉備在白帝城和夷陵之間設立了若干驛站，這些驛人便是驛站的工作人員）也登上了馬鞍山，他們擔著一些廢棄的鎧甲，堆積在山口焚燒，希望可以以此阻擋吳兵的追擊。

「快跑！」

劉備也顧不上皇帝的尊嚴，跟著這些驛人奔向江邊。可是很快便看見江邊也有吳軍驅著潰敗的漢軍屠殺。原來是朱然從水路包抄到劉備軍的背後，擊潰了劉備的艦船，殺了統領蜀漢水軍的從事祭酒程畿，然後在江灘上登陸作戰。

天漸漸亮了，劉備已經能望見巫山，翻過巫山便是益州的土地。可是劉備的十萬大軍已經在夷陵道上化為灰燼了，為了此次東征所籌備的舟船、器械，水、步軍資，全部落入了陸伯言之手。江面上漂浮著無數漢軍的屍體，幾乎將峽口堵塞。

「陛下，前面便是夔道，直達白帝城。」

劉備登上高處，向山口望去，一面軍旗飄揚，大書一個孫字，劉備的心頓時涼了半截。這時有潰散的士兵從夔道抱頭鼠竄而來，劉備派人攔住詢問，才知道原來是東吳的安東中郎將孫桓為了立功贖罪，一口氣從夷道城殺到這裡，搶先截斷了夔道，目的是在此生擒劉備。

「想不到居然被這個娃娃逼到了這個地步！」

前有孫桓擋道，後有朱然等追兵掩殺，劉備已經是無路可走！

「朕死於此矣！」

不過劉備還死不了，雖然前後無路，可是兩邊的山崖還是可以攀爬，劉備跳下戰馬，脫了盔甲，在侍從的協助之下以手攀岩而去。對於一個皇帝而言，這樣的逃跑方式太過狼狽、可以說是不成體統，然而劉備已經別無選擇。

前方是魚復縣，後來劉備將此縣改名為永安縣，一年前虎吞東吳的雄心壯志已經煙消雲散，此時的劉玄德只希望安穩地度過餘生，他從江州召來了趙雲守護白帝城。

白帝城南面的山頭上不知何時升起了東吳的旗幟，當初被劉備擊潰的李異、劉阿不知從哪裡冒了出來，鹹魚翻身的二將一直追殺到這裡。

然而劉備始終想不通，二十多歲便從軍征討黃巾，久歷戰陣，連曹操也對他不敢小覷，可是這一戰竟然被一個書生羞辱，十萬大軍連同糧草輜重喪失殆盡，張南、馮習、傅彤、程畿、馬良及蠻王沙摩柯都戰死沙場，黃權降魏，劉備這會賠大了。

「吾乃為陸遜所折辱，豈非天耶！」想不通的劉備只能用天意來安慰自己。

夜深了，白帝城中的輾轉反側、不能入眠的劉備彷彿聽見遠處傳來了哀歌與嗚咽哭泣之聲，那是蜀漢將士百姓為死去的親人、同袍送亡。

「薤上露，何易晞。露晞明朝更復落，人死一去何時歸。」

混濁的淚水自劉備眼眶中大滴滾落，潤溼了枕蓆。他想起來了當年起兵之時，與關羽、張飛「寢則同床，恩若兄弟」的情形，今日他雖然貴為君王，卻是如此孤單！

數日後，劉備便病倒了，這一病便再也未能康復，第二年的六月，一代梟雄劉玄德病故於白帝城，年六十三歲。

70. 三分天下

一杯毒酒。

孫舒城默默坐在案几前，案几上放著一杯毒酒，她已經做好了準備，一旦傳來不利的消息，她就飲下毒酒自盡，與丈夫一同殉國。

戰爭讓女人走開，可是每一場戰爭的結果都會讓女人哭泣乃至受辱。當年董卓屠戮洛陽，城中婦女多被姦淫擄掠，甚至貴戚大臣的家族也不能倖免。李傕、郭汜在長安交兵，劫持公卿，就連皇帝身邊的宮女也被擄掠搶奪。

戰勝之後，將財帛和婦女當做戰利品來分配，這幾乎是亂世的基本法則。身為孫伯符的女兒，孫舒城決定寧死也不願受辱。

此時已經是陸伯言出兵的次日辰時，都督府之外傳來了噪雜的喧鬧之聲。

「去看看外面發生了什麼事？」

侍從出去沒一會便回來報告說：「都督派人回來報信了。」

「讓他進來吧！」

第九章　陸遜的涅槃

小將丁奉風塵僕僕地走了進來，他曾是甘寧的部下，甘寧死後歸屬到了陸伯言的帳下，是一個虎虎有生氣的青年小將。

「夫人，都督命末將回來報信。」

「好了，快說吧，戰況如何？」孫舒城的心懸一線，是壞消息還是好消息呢？伯言會不會已經被敵軍包圍，派丁奉冒死突圍回來討救兵……

正當孫舒城胡思亂想之際，丁奉報告說：「夫人，我軍大勝！」

孫舒城頓時熱淚盈眶，不用喝那杯毒酒了。

「勝了！」

昨夜幾乎是一夜未眠的孫舒城感到一塊巨大的石頭落了地，可是也就在輕鬆的同時襲來一陣陣的眩暈。

本為儒學世家子弟的丈夫陸伯言，以默默無名的身分被拜為大都督，在天下人注目的夷陵大戰中一舉戰勝了曠世梟雄劉玄德，這真是難以讓人置信的奇蹟啊！

「目下大都督正率領諸將追擊劉備，所以要過三四天才能回來。」丁奉說，「另外，夷道城中的孫安東也已經得救了，加入了追擊劉備的行列。」

真是像做夢一樣的大逆轉，孫舒城心中說不出的高興，可是這一切是如何發生的呢？她只是記得昨夜陸伯言起身穿上甲冑從容出征而已。

「原來他真的早就定下了破敵的策略，一直按兵不動只是等待適當的時機而已！」孫舒城喃喃自語。

「是啊！都督真是用兵如神，我江東只有當年的周公瑾可以與他相比。」丁奉的奉承恰到好處，孫舒城聽得心花怒放。

數日後，捷報也抵達了武昌，江東的規矩，不但身為大都督的陸伯言會報告戰況，就連受陸伯言節制的朱然、韓當等將領都有報告的權利。這當然是便於領袖掌握詳盡的邊情，對於那些將領而言，也可以避免自己的戰功被上司抹殺；可是弊端也很明顯，每個人都極盡誇張自己的功勞，彷彿沒有自己便沒有這場勝利。

朱然寫道：「我率領本部軍五千人攻破了劉備的前鋒，又從水路包抄、截斷了劉備的後路，劉備軍遂崩潰四散……」

潘璋寫道：「我與大都督併力攻打劉備的大營，斬殺了他的護軍馮習，殲滅敵軍甚多……」

步騭寫道：「敵將馬良已經死於五溪，零陵、桂陽一帶尚有不少叛軍亂黨，不過劉備既然戰敗，這些叛軍不足為憂，一個月內就可以完全平定……」

其他將領的報告也都大同小異，唯有一點引起了孫權的興趣，那就是潘璋、徐盛、宋謙三員大將不約而同地建議攻打白帝城。

「劉備必可生擒，乞復攻之。」

這是一個很誘人的口號，攻克白帝城、生擒劉玄德，這可是解決孫劉爭端一勞永逸的辦法。孫權的眼前出現了吳軍長驅直入、吞併益州的美好景象。

這不是孫權一人的夢想。當年周瑜西征之時曾說過，孫權最好的策略，是西進益州、漢中，然後以漢中、襄陽雙箭齊發、北伐中原；巴郡出身的甘寧也主張：「鼓行而西，西據楚關，大勢彌廣，即可漸規巴蜀。」呂蒙在襲擊關羽之前向孫權進言：讓征虜將軍孫皎守南郡，潘璋住白帝，呂蒙前據襄陽，蔣欽將遊兵萬人循江上下，應敵所在，如此一來，何憂於操，何賴於羽！

往事歷歷不堪回首，說這些話的人都已經去世，然而西取巴蜀的言論卻還在孫權的耳邊，只是「攻克白帝城、生擒劉玄德！」的豪言壯語真的可行嗎？

孫權把這個問題轉移到了陸伯言的手中，陸伯言的回答三個字：不可行！理由四個字：

警惕曹魏！

誠然，螳螂捕蟬黃雀在後，在這個三雄鼎立的時代，誰也不是真正的盟友，正如當年孫權不能容忍劉備、關羽的壯大，今日的曹丕也同樣不會坐視孫權吞蜀。東吳的兵力畢竟很有限，一旦深入西川，後方必然空虛，這一點，以曹丕的智商還是能想到的。

也好，留著劉備牽制曹魏也不是一件壞事！孫權決定聽陸伯言的。

雖然蜀漢不能吞吳，可是吳也不能滅蜀，而吳蜀並存的局面又讓曹魏無處下口，魏、蜀、吳，彼此互掐的結果是誰也吃不掉誰。這樣一來，天下三分的局面真的成了現實。

這一年孫權已經跨過了四十歲的門檻，歲月流逝，不知不覺人生的半輩子過去了，孫權坐在武昌的臨時王宮中，飲者長江水，吃著武昌魚，想起了父親孫堅和哥哥孫策，當年父親爭之不得的荊州終於握在了自己的手中，跨有荊、揚、交三大州，爵封吳王，孫仲謀達到了父兄從未達到的高度，可是孫仲謀卻感覺不到勝利的喜悅，有時他會莫名地聽到由遠處飄來女人的哭泣，孫權神經質地覺得這是妹妹孫尚香的啜泣之聲，雖然此刻真實的孫尚香遠在吳郡。

第九章　陸遜的涅槃

電子書購買　爽讀 APP

國家圖書館出版品預行編目資料

東吳帝國——盟敵心計：孫吳的權謀與戰火 / 司馬路 著 . -- 第一版 . -- 臺北市：複刻文化事業有限公司 , 2025.04
面；　公分
POD 版
ISBN 978-626-428-046-4(平裝)
1.CST: 三國史 2.CST: 通俗史話
622.3　　114003782

東吳帝國——盟敵心計：孫吳的權謀與戰火

臉書

作　　者：司馬路
發 行 人：黃振庭
出 版 者：複刻文化事業有限公司
發 行 者：崧燁文化事業有限公司
E-mail：sonbookservice@gmail.com
粉 絲 頁：https://www.facebook.com/sonbookss/
網　　址：https://sonbook.net/
地　　址：台北市中正區重慶南路一段 61 號 8 樓
8F., No.61, Sec. 1, Chongqing S. Rd., Zhongzheng Dist., Taipei City 100, Taiwan
電　　話：(02) 2370-3310　　傳　　真：(02) 2388-1990
印　　刷：京峯數位服務有限公司
律師顧問：廣華律師事務所 張珮琦律師

定　　價：420 元
發行日期：2025 年 04 月第一版
◎本書以 POD 印製